# KPI
Key Performance Indicators
# 大全

## 重要経営指標100の読み方&使い方

グロービス＝著
嶋田毅＝執筆

東洋経済新報社

# はじめに

## ☑経営を語るうえでＫＰＩは避けて通れない

ＫＰＩ（Key Performance Indicators：重要業績評価指標。重要経営指標、重要業績指標などともいう）という言葉が、ビジネスの世界で当たり前に使われるようになって久しいものがあります。筆者がビジネスパーソンになった１９９０年前後くらいは、まだこの言葉はほとんど使われておらず、単に「指標」や一部のものについては「比率」などと呼ばれていました。そして１９９０年代の中頃から徐々にビジネスシーンで使われるようになり、近年、一気に市民権を得るようになったのです。

これは単なるバズワードとして一時だけ流行ったという話ではありません。それだけＫＰＩというもの、あるいはＫＰＩに基づいた経営が効果的であることの証左ともいえるでしょう。

本書は、ＫＰＩの意義を改めてご紹介するとともに、代表的なＫＰＩ１００個について、その意味合いや使い方、あるいはどのような人々にとって特に重要な意味を持つのかなどをまとめたものです。

必要に応じて該当のＫＰＩを使っていただいても結構ですし、辞書的・用語集的に活用することもできます。１冊を読み通していただければ、経営学全般の理解にもなりますし、すでに経営学に触れた方にも良い復習の機会、あるいは新たな情報収集の機会になると思います。

## 本書の構成

本書は大きく分けて２部構成となっております。

まず前半の「ＰＡＲＴ１　ＫＰＩの概要」では、ＫＰＩに関する基本的な、全般的な解説をします。

「ＣＨＡＰＴＥＲ１　ＫＰＩとは何か？」で、まずＫＰＩというものを設定して経営を行うことのメリット、効用などを説明しています。そしてそのうえで、実際にＫＰＩを設定し、組織を運営する際の勘所やコツなどをあわせて紹介しています。

また、どのような有効なツールにも必ず裏面というものがあります。ＫＰＩというツールは「切れる刀」であるからこそ、そのリスクも正しく理解しておくことが必要です。

ここで述べることはビジネスの数字全般に当てはまることですので、まずはしっかり理解してください。

続く「ＣＨＡＰＴＥＲ２　ＫＰＩの実例ストーリー」では、２つのミニケースでＫＰＩを使った経営がいかにパワフルかということをご紹介します。紙面の都合上、あらゆるシーンについてのケースはご紹介できませんが、最も典型的なパターンということで参考にしてください。

後半の「ＰＡＲＴ２　基本ＫＰＩ１００」は、個別のＫＰＩについて解説するパートとなります。次の順で、合計１００のＫＰＩについてご紹介します。

ＣＨＡＰＴＥＲ３　マーケティング・セールスのＫＰＩ
ＣＨＡＰＴＥＲ４　オペレーション・イノベーションのＫＰＩ
ＣＨＡＰＴＥＲ５　組織のＫＰＩ
ＣＨＡＰＴＥＲ６　会計・ファイナンスのＫＰＩ

勘のいい方はお気づきかと思いますが、この４つのカテゴリーは、バランススコアカード（ＢＳＣ、28ページ参照）の４つの視点に近いものがあります。組織を数字でマネジメントしようとすると、結局は似たようなカテゴリーになるということかもしれません。

特にＣＨＡＰＴＥＲ３では近年になって登場したウェブマーケティング系のＫＰＩなども多めに取り上げていますので、これからそうした取り組みを強化するという方はぜひご覧ください。

## 基本がわかればどんなＫＰＩも扱える

本書は１００ものＫＰＩを取り上げていますが、もちろん他にもたくさんのＫＰＩが存在しますし、業界によって独自に存在するＫＰＩなどもあるでしょう。例えばレンタルＤＶＤ店であれば、1回当たりの貸出日数や新作の稼働率などです。私立大学であれば企業からの学生評価なども気になるＫＰＩになるでしょう。

それらをすべて網羅することは物理的にもできませんが、今回紹介する基礎的なＫＰＩを理解しておけば、皆さんの組織に応じたＫＰＩなども独自に開発・運用できるはずです。また、時代とともに新しいＫＰＩが生まれても、「これはあのＫＰＩの発展版だな」と気づくこともできるでしょう。

本書の執筆に当たっては、企画から発売に至るまで東洋経済新報社の齋藤宏軌氏に非常にお世話になりました。改めて感謝申し上げます。

他の書籍でも書きましたが、基礎＝Essentialsは本質にもつながる言葉です。ぜひ本書を通じて基礎となるＫＰＩをしっかり理解し、経営というものに対する洞察を深めていただければと思います。

嶋田　毅

# CONTENTS

PART2

# 基本KPI100

## CHAPTER3 マーケティング・セールスのKPI

MARKETING

# CONTENTS

## SALES



## WEB MARKETING

## CHAPTER4 オペレーション・イノベーションのKPI

# CONTENTS

## OPERATION



## INNOVATION

# CHAPTER5

HRM

# 組織のKPI

# CONTENTS

FINANCE

# CONTENTS

## た行



## な行



## は行



## や行



## ら行

KPI100-INDEX

## A-Z



## あ行



## か行



## さ行

PART

# 1

# KPIの概要

CHAPTER1

# KPIとは何か?

# 1 本書におけるＫＰＩの定義

## 目標達成の度合いを確認する指標

まず最初に、ＫＰＩ（Key Performance Indicators）について改めて定義しておきましょう。ＫＰＩは端的にいえば、組織や個人が目標達成に向かって業務が順調に進んでいるかどうかを確認するための重要な指標です。売上高や利益率のような財務数字だけではなく、顧客満足度や不良品率といった指標もＫＰＩとして用いられます。

どのＫＰＩを重視すべきかは、企業の戦略によっても変わってきますし、当然立場によって重みも変わってきます。例えば筆者のような立場の人間であれば、年間に何冊書籍を出したかなども重要な個人ベースのＫＰＩになります。

なおＫＰＩは、狭義にはＫＧＩ（Key Goal Indicators）と区別することもあります。ＫＧＩとは、企業でいえばより最終目標に近い数字、具体的には売上高や営業利益などが相当します。

ただ、本書ではそうしたＫＧＩもＫＰＩに含めて議論します。つまり、広義にＫＰＩを捉え、考えるということです。

## あらゆるシーンで使えるＫＰＩ

ＫＰＩは、営利組織である企業以外の組織や個人であっても、人間が関わるあらゆる営みに援用することができます。例えば公立の小学校の学年主任であれば、学級崩壊率、落ちこぼれていない児童の比率、教師の平均残業時間、教師のメンタル不調率などは、学校が適切に運営されているかどうかを知る重要なＫＰＩとして用いることができるでしょう。

プロ野球の野手であれば、出場試合数、打率、本塁打数、打点、盗塁数といった昔ながらのＫＰＩに加え、ＯＰＳ（出塁率＋長打率）やＷＡＲ（そのポジションの代替可能選手に比べてどれだけ勝利数を上積みしたかを統計的に推計した指標）といった新しいＫＰＩを組み合わせることで選手のパフォーマンスや課題をチェックすることができます。なお、これは試合におけるパフォーマンスを示すものですが、プロ選手であれば、関連グッズの売上げなども球団にとっては重要なＫＰＩといえるでしょう。

２０２０年はコロナ禍に見舞われた年ですが、何を最重要ＫＰＩとして政府が政策を決定すべきかということもよく議論されました。ウイルス学の権威や医師であればまずは新型コロナの感染者数や死者数、致死率に目が行きます。また、病院の機能が機能不全に陥ることによる他の原因での死者数増なども気になるでしょう。

一方で、自粛要請などであまりに経済を止めてしまうと、失業率が上がり自殺者も増えてしまいます。「医学的理由による死者数だけではなく、そうした間接的な死者数も含めてＫＰＩとし、政策に反映すべき」という意見もよく聞かれました。これについては本書の執筆時点で最終結果は出ていませんが、数年後に政策の是非を振り返る際に、しっかりと検証すべきポイントといえるでしょう。

いったん企業活動に戻りましょう。企業活動をマネジメントするうえでＫＰＩを用いることの効用とは何でしょうか。いくつか典型的なものを挙げます。

# 2 KPIの効用

## ①物事が可視化されることで管理しやすくなる

ビジネスには、「測定されないものは管理できない」という言い回しがあります。実際には全く管理できないということはないのですが、やはり測定され数値化されているものに比べると管理が難しくなります。また、ＫＰＩがない場合、仮に管理ができたとしても属人化しやすく、マネジャーが代わったときに引き継ぎが難しくなるというデメリットがあります。部下の評価の詳細などはその典型でしょう。仮に新任で赴いた職場で、ある部下がトータルで5点満点の点数がついていても、あとはぼんやりした定性情報しかないというのではやはりやりにくいものです。

それに対し、組織文化のような一見ふわっとしたものでも、アンケートなどを活用してＫＰＩとして可視化しておくと管理が容易になります。ちなみにグロービスでは2年に1度カルチャーサーベイというアンケート調査を行います。それを時系列で見たり、部署間比較することでどこかに問題がないか、好ましくない兆候が起きていないかなどを把握しやすくなるのです。

なお、問題解決についていえば、派手な分析を行う以上に、単純に重要なＫＰＩの時系列変化を見ておくことが有効ということも多いものです。工場であれば不良品率、顧客からのクレーム数、納期順守率などをしっかり確認し、問題が起こりそうな兆候にいち早く気づくことが重要です。

分析の基本は比較です。ＫＰＩをしっかり設定・測定するとともに、適切な対象と比較し、問題発見やその解決に役立てることが大切です。特に以下の比較は定番中の定番ですので、常に意識するようにしてください。

・時系列比較（昨年度との比較なども含む）
・部署間比較、業界のライバル他社との比較（社内平均や業界平均との比較なども含む）
・対目標比較

比較方法の詳細については、『定量分析の教科書——ビジネス数学力養成講座』（グロービス著・鈴木健一執筆、東洋経済新報社）などを参考にしてください。

## ②ＰＤＣＡが回しやすくなる

ＰＤＣＡ（Plan−Do−Check−Action）は単純ではありますが、非常に効果が出やすいマネジメントの最強フレームワークです。高いパフォーマンスを継続的に出している組織は、このＰＤＣＡがタイトに回されていることが多いものです。

通常の組織でなおざりになりがちなのは、CheckとActionの部分です。つまり、PlanとDoまではどの組織でもある程度はするのですが、ＣとＡが甘く、その結果問題が放置されて問題解決が後手に回ったり、目標の未達が起こりやすくなってしまうのです。筆者がかつて所属したある企業では、年度末になると売上げ目標達成のためのコンティンジェンシープラン（緊急時対応）が発動されました。本来は、ＰＤＣＡがしっかり回っていればそうしたことは起こらないはずなのですが、ＰＤＣＡが緩い会社では、そうしたことが多発してしまうのです。

日本でＰＤＣＡを愚直に回している企業の代表は日本電産でしょう。同社では、例えば営業であれば、日時レベルでＰＤＣＡを回し、ビハインドの状態にならないことを目指します。例えばある週に50のことを達成すべく、毎日10の目標をクリアすることになっているとします。

多くの企業では、仮に最初の月曜日に7の結果しか出なかったら、残りの４日で43の分を達成しようとする、あるいは次の週も含めてリカバリーしようとするかもしれません。

図1　**PDCAの入れ子状態**

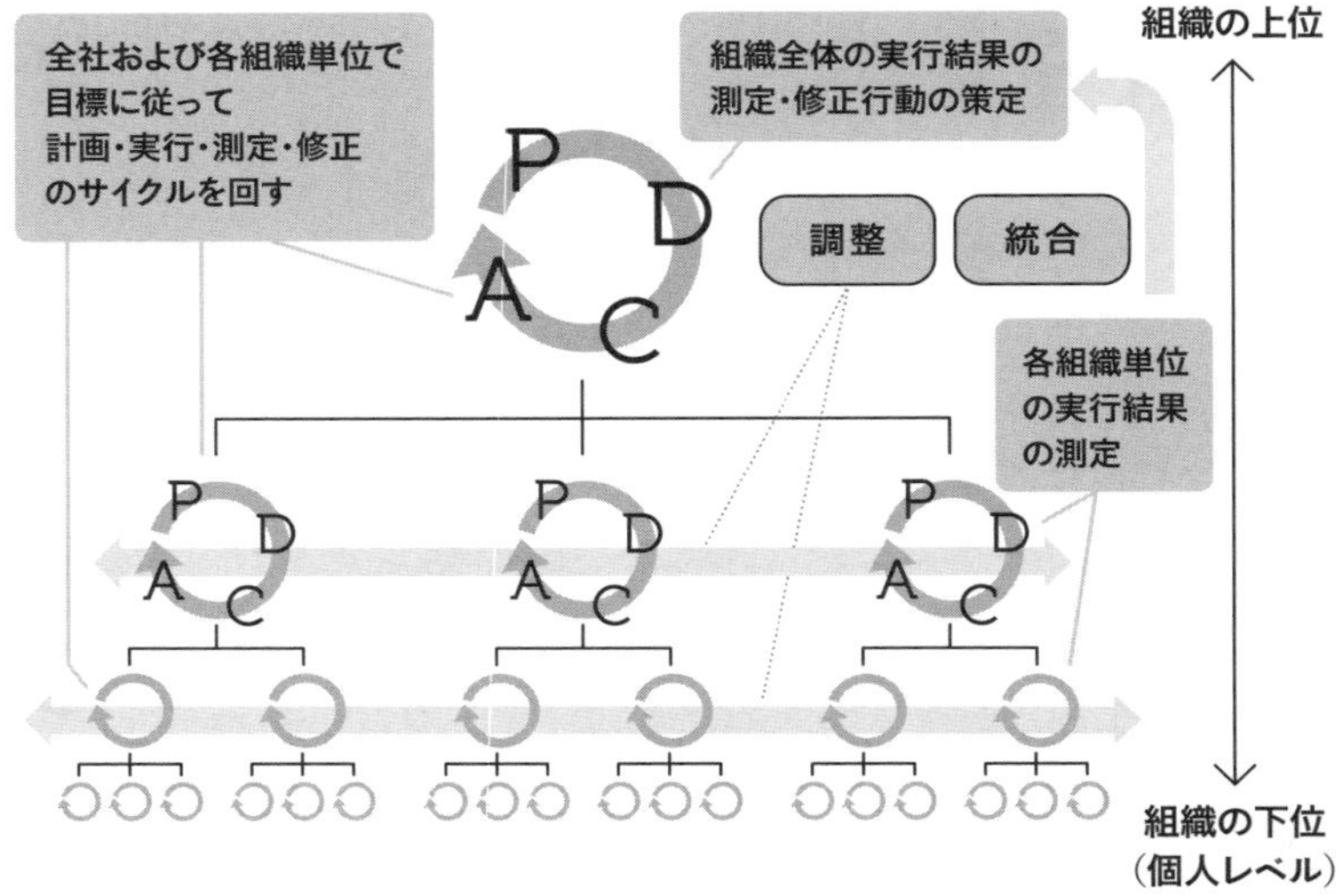


しかし日本電産では、月曜日に7の結果しか出なければ、翌日の火曜日に13の結果を出し、すぐに目標にキャッチアップすることが求められます（ちなみに、月曜に13の結果が出たら、火曜は7でいいというわけではなく、それはそれで10の結果が求められます）。その結果、日本電産はめったなことで下方修正がなく、常に目標を上回る結果を残し続けられるのです。

業態や製品特性によっても変わってきますが、通常、特定の部署（営業部や工場など）では10個前後のＫＰＩが設定され、ＰＤＣＡを回すのが一般的です。そしてそれらがさらに個人レベルの短期目標に落とし込まれ、入れ子のような状態で組織の中で満遍なくＰＤＣＡが回ることが理想です（図1）。

## ③人々の意識を集め、動機づけしやすくなる

ＫＰＩは戦略など新しい方針を組織に落とし込む際にも威力を発揮します。例えばそれまで売上げ重視だった企業が、粗利率の高いカスタマーサポート部門を内部化し、売上げ以上に利益を重視する方針を出したとします。であれば、当然重視するＫＰＩも変わってくるでしょう。それまではとにかく売上げが大事なＫＰＩだったかもしれませんが、新しい戦略の下では、売上げはもちろん、それ以上に利益や、カスタマーサポート部門の売上げ、あるいは顧客満足度がより重要なＫＰＩとなってくるでしょう。

人々をそのＫＰＩの目標達成に向かわせるには、評価（さらには報酬）とセットにするのがセオリーです。前記の例でいえば、利益目標を達成した個人を高く評価し、ボーナス面でも優遇するようにすれば、多くの人はそれを実現しようとして行動するものです。逆にいえば、いくら新しい戦略として利益重視を打ち出したとしても、評価制度がそれに連動したものになっていなければ、新しい戦略も現場に浸透しないのです。

新しい方針に向けて人々のモチベーションを高めるうえでは、ＫＰＩとして何を選ぶかということに加え、そのＫＰＩの目標をどの程度にするかという点も大切です。走り高跳びに例える

と、バーの高さが3メートルだと最初から皆が諦めてしまいますし（男子の世界記録は2メートル45センチ、女子で2メートル9センチです）、バーの高さが1メートル20センチ程度だと簡単すぎてこれまたモチベーションにつながりません。「工夫や努力で何とかクリアできる」というレベル感の目標設定がセオリーとされています。

なお、しばしば、あえて一見無理そうに見える高い目標を設定することもあります。営業担当者数を3分の1にして前年と同じ売上げを上げる、といったやり方です。これは、あえてそれまでのやり方を疑い、イノベーティブなやり方をひねり出すときに向いている手法です。高跳びのケースであれば、「トランポリンを使ってはダメと書いてないから、それを使おう」などのクリエイティブな発想を促すのです。毎回このやり方が奏功するわけではありませんが、時折試してみる価値はあるでしょう。

COLUMN

## バランススコアカード

管理会計の著名なツールにバランススコアカード（ＢＳＣ）があります。これは、図２に示したように、「財務」「顧客」「内部プロセス」「学習と成長」の４つの視点についてそれぞれ数個、合計で20個から35個程度のＫＰＩを設定し、戦略の実行を推進するものです。１９９０年代の前半に、管理会計の大家であるロバート・キャプランらによって開発されました。当初は戦略遂行

図2 BSC（例示）

| KPI | 目標値 | アクションプラン | |
|---|---|---|---|
| ROIC | 10% | AAAAAAAAAAA…… | 財務の視点 |
| EBITDA | 25億円 | BBBBBBBBB…… | |
| 売上総利益成長率 | 15% | CCCCCCCCCC…… | |
| 2年以内製品からの売上高 | 50億円 | DDDDDDDDDD…… | |
| コアカテゴリー売上高 | 180億円 | EEEEEEEEEE…… | |
| 延べユーザー数 | 1000万人 | FFFFFFFFFF…… | 顧客の視点 |
| 総資産回転率 | 3.0回 | GGGGGGGGGG…… | |
| 新規顧客獲得コスト | 800円／人 | HHHHHHHHHH…… | |
| ブランドイメージ調査 | 4.3／5.0 | IIIIIIIIII…… | |
| 顧客満足度 | 4.5／5.0 | JJJJJJJJJJ…… | |
| 顧客再訪率 | 66% | KKKKKKKKKK…… | |
| 覆面調査 | 8.5／10 | LLLLLLLLLL…… | 内部プロセスの視点 |
| 在庫額 | 10億円 | MMMMMMMMMM…… | |
| 1人当たり付加価値 | 400万円 | NNNNNNNNNN…… | |
| 従業員満足度 | 4.3／5.0 | OOOOOOOOOO…… | 学習と成長の視点 |
| 研修参加者数 | 2000人 | PPPPPPPPPP…… | |
| 昇格人数比率 | 20% | QQQQQQQQQQ…… | |

のツールとして導入されましたが、その後、人々の意識変容にも効果があるなど、さまざまな副次的なメリットが報告されています。

なお、ＢＳＣのユニークな点に、単に表やチャートでＫＰＩの達成度合いを捕捉するだけではなく、同時並行で戦略の因果関係を示した戦略マップを作るというものがあります（本書では割愛）。これによって、それぞれのＫＰＩの関係もわかりやすくなりますし、戦略の流れが可視化されることで、従業員一人ひとりが「自分はここに貢献しているんだ」という当事者意識が湧きやすくなるのです。

# 3 KPI経営の課題

　KPIを用いた経営は、「適切に行えば」非常に効果的なのですが、時にはかえって費用対効果を損ねたり、意図せぬ結果を招くこともあります。ここでいくつかの運用上の重要ポイントをご紹介しましょう。

## ①KPIのバランスをとる

　特に人々の行動を望ましい方向に向ける場合、KPIの設定とその評価をバランスよく適切に行わないと、かえって人々の行動を間違った方向に向かわせる可能性があります。

　極端な例で考えてみましょう。ここではプロサッカーチームを例にとります。戦略としてポゼッション重視（ボールを相手に渡さない）戦術をとるとします。このとき、選手の評価を「パス成功率」100％で行ったらどうなるでしょうか？

　私が選手なら、難しいパスは出さず、味方同士の無難なパス回しをしようとするでしょう。そうすればパス成功率は上がるからです。しかしこのようなことを皆がしてしまうとおそらく得点は入りません。サッカーにおける得点は、「通るか通らないか」というギリギリのリスキーなパスが数本つながり、かつ最後の難しいシュートが決まって初めて実現します。仮にパス成功率のみをＫＰＩにしてしまうと、得点につながるようなリスキーなパスを通そうとするインセンティブがなくなってしまうのです。このケースでは、おそらくパス成功率は上がるでしょうが、得点が取れない弱いチームになってしまうでしょう。それでは本末転倒なのです。

別のケースで、例えば病院で外科医の評価を「手術成功率」のみで行ったらどうでしょうか？　筆者がその病院の医師なら、最初から成功が難しそうな手術は断るという行動に出るかもしれません。「難しい手術は断る病院」という評判が広がってしまっては、病院の本来の存在意義を損ねてしまうことになるでしょう。

こうしたこともあり、通常は部署あるいは個人レベルで与えるＫＰＩは、複数のものをバランスを考慮しながら設定するのが一般的です。例えば営業担当者であれば、最終的な受注額や売上高はもちろん重要ですが、それ以外にも「価格維持率」「既存顧客売上高」「新規顧客開拓数」「顧客満足度」「訪問件数」「ＲＦＰ数」「他プロジェクトへのパス数（横展開数）」などを、戦略も意識したうえでバランスよく設定するということです。

ただ、この「最適のバランス」は自動的に答えが出るものではなく、試行錯誤しながら探るしかありません。例えば営業担当者のプロセス評価で、「訪問件数」の重みを過剰にしてしまうと、「絶対に受注できない顧客なのに、訪問だけはする」という行動を促してしまう可能性があるかもしれないのです。

なお、ここまでは人々の動機づけの側面を主に見てきましたが、管理するという立場に立てば、ＫＰＩは多いに越したことはありません。その方がきめ細かく物事を把握できますし、問題のありかも発見しやすいからです。一方で、管理される側からすると、ＫＰＩが多すぎると結局何が重要なのかがわかりづらくなったり、息苦しさを感じるものです。問題解決のためのＫＰＩと評価のＫＰＩが必ずしも同じである必要性はありませんが、通常、評価に直結するＫＰＩの数は多くても20個以下が普通です。

ちなみに、高利益率、高額の報酬で知られるキーエンスは、営業担当者1人につきＫＰＩが3桁に上ることもあるようですが、やはりそれは例外です（それをこなせるからこそ高給を与えられるともいえますが）。常識的に「少なすぎず多すぎず」のＫＰＩを設定し、それに加え日頃のコミュニケーションも活用して彼／彼女の望ましい行動を促し、かつ動機づけるのがセオリーです。

## ②KPIを適度にブレークダウンする

これは特に問題解決の場面では重要です。例えば売上げというKPIはどの企業でも必ず最重要KPIとして見ているものですが、「塊」としてはあまりに大きすぎて、何か問題があったときにも、どこから手を付けていいかわからないということがあります。そこで、常日頃から図3のようにブレークダウンしたKPIを測定しておくことで、どこに問題があるのかを発見しやすくするのです。

先に評価に絡むKPIは多すぎると混乱すると書きましたが、問題発見については粒度高く分析できるに越したことはありません。この両面を意識しつつ、常日頃KP

**図3　KPIをブレークダウンする：足し算・掛け算型**

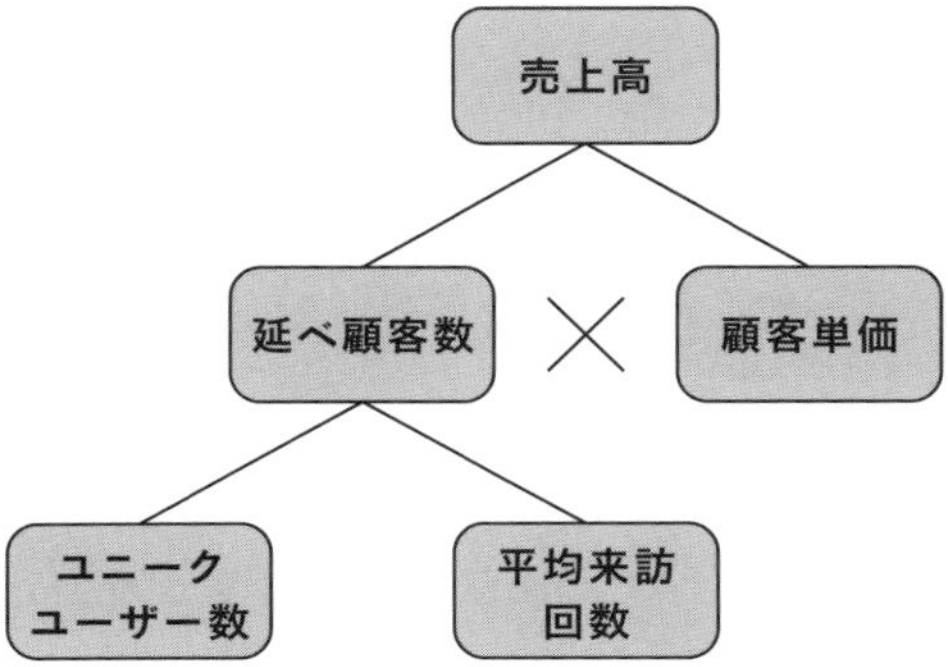


物事を効率的に処理するコツは
適切に細分化すること

図４　KPIをブレークダウンする：プロセス型（ファネル型）

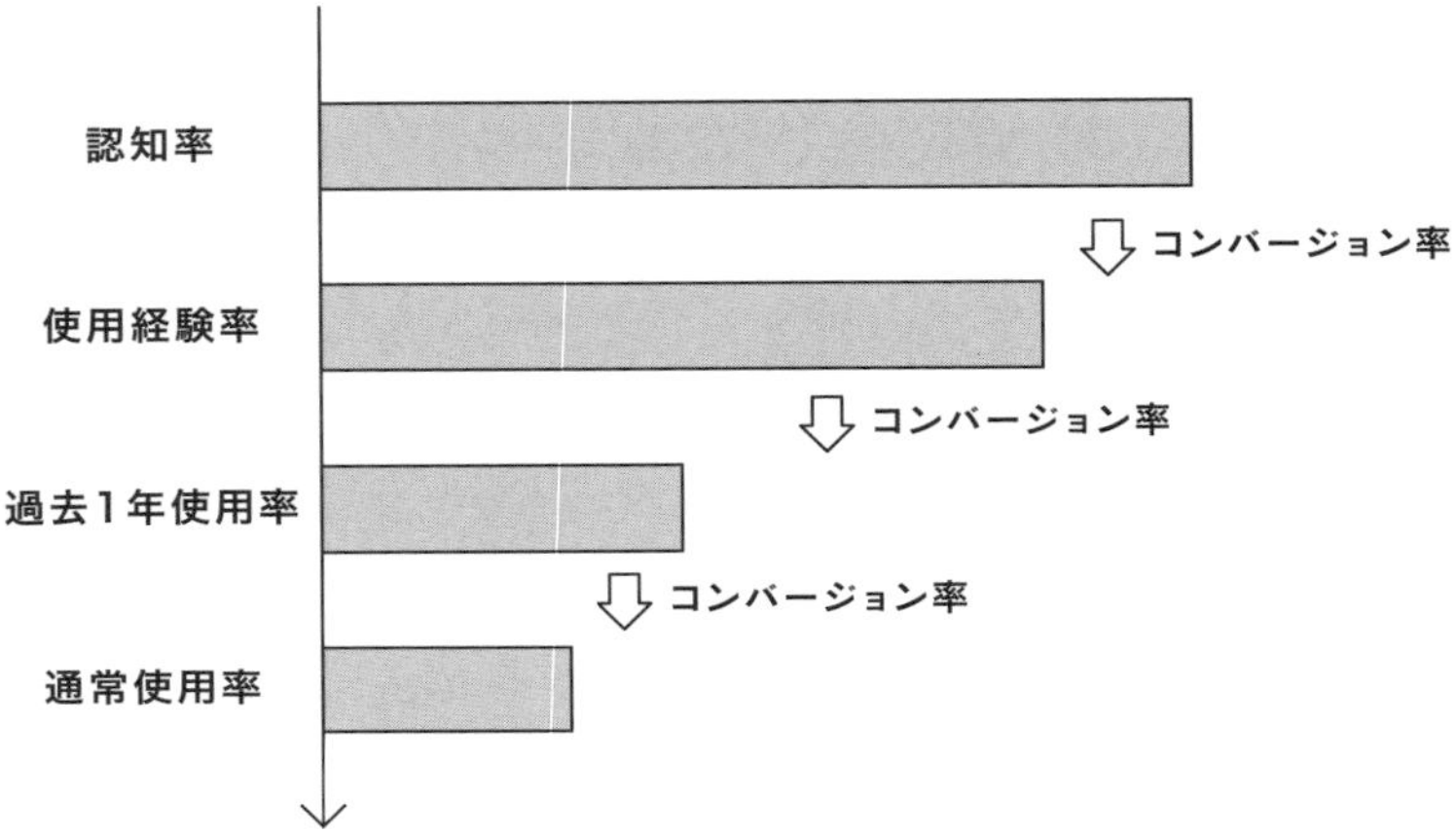


Ｉをバランスよく測定しておくことが望ましいのです。

あるいは、常日頃は前面に出して管理していなくても、その気になれば測定・分析できるようにしておくことも大事です。例えば流通業で、いざとなれば「女性客／男性客」といったようにブレークダウンできる用意をしておくなどです。

ＫＰＩの粒度を上げる方法に、図３の足し算・掛け算型のほかに、ファネル分析のファネルを細かくするという方法もあります。

ファネルとは漏斗の意味で、どんどん狭くなっていく様子を表したものです。これはプロセスを分析したり、顧客のステータスを分析する際に有効です（１２０ページから１３５ページを参照）。

図４の例でいえば、認知率と通常使用率のみの測定では、どこに問題があるのかがすぐにはわかりません。しかし、仮に同じ認知率と通常使用率であった場合、「認知率→使用経験率」が最も低いコンバージョン率であれば、それはプロモーションや配架率（92ページ参照）の問題である可能性が高いでしょうし、「使用経験率→過去1年使用率」のコンバージョン率が最も低いようなら、それは製品の競争力そのものの問題の可能性が高いでしょう。

「分けるは分かる」ともいいます。問題解決のためのＫＰＩは可能な範囲できめ細かくする、あるいはその気になれば測定し分析できる状態にしておくことが効果的です。

## ③ＫＰＩは正確さと鮮度にこだわる

ＫＰＩは当然正しく測定されるに越したことはありません。何事もそうですが、間違った数字を用いていては正しい意思決定はできないからです。

一方で、１００％の精度にこだわるあまりにスピードを削いでしまうのも考え物です。例えば、皆さんの会社では月次の売上げと利益はどのタイミングで速報が出るでしょうか？　これが1カ月かかるようでは遅すぎです。業態や競争環境にもよりますが、可能であれば翌月の５営業日以内には98%程度の精度で速報値が出るというのが望ましいでしょう。通常、98%や97%程度の精度があれば、そこまで大きな判断ミスはありません。現代はスピード勝負の時代です。無為に２週間、３週間を過ごすのは時として致命的です。１００％の精度ではなくても、ある程度問題のない精度でスピーディに数字が収集されることが一般的には望ましいといえます。

なお、この点に関していうと、個々の企業のＫＰＩとは異なりますが、政府や公共機関の情報は遅すぎます。例えば２０２０年の意思決定を行う際に（コロナ禍のトラブルは無視するとして）２０１８年度の政府発表資料を使っていては、時に意思決定を誤ってしまいます。政府の資料は重要ではあるのですが、そうしたタイムラグ（時間のズレ）があることを忘れてはいけません。

## ④KPI至上主義に陥らない

ＫＰＩを用いた経営は効果的ですが、ＫＰＩが過度に偏重されるようになるのも問題です。例えば企業において最上の行動指針になるのは経営理念ですが、通常そこに数字は入らないことが多いでしょう。ビジョンや戦略には数字が入ることも多いですが、その場合も「〇〇業界ではナンバーワン」といった表現になることが多いものです。つまり、ＫＰＩは目的となるケースがゼロではないものの、やはり手段としての意味合いが大きいのです。

何事にもいえることですが、手段の目的化や、手段が目的を振り回すことはあまり好ましいことではありません。例えば新聞社が、社会的意義を忘れて部数のみにこだわって大衆に迎合しすぎた紙面を作ったり、内容をおろそかにしてはやはり大問題です（その他にも営業面での「押し紙」の問題なども長く指摘されています）。テレビの民放も、視聴率は確かに大事なＫＰＩですが、それに振り回されすぎると、人々の支持を失ってしまいます。より身近な例でも、減量をしすぎて健康を損ねるようでは本末転倒です。常に、何のためにＫＰＩを設定してマネジメントを行っているのかという原点に立ち返ることが必要です。

数字というものは、往々にして独り歩きしたり、金科玉条のように最終目的化することが少なくありません。皆にとってわかりやすいものであるがゆえに、あるいは他者と比較して優越感や劣等感を抱きやすいがゆえに暴走しやすいのです。そうした数字の持つマイナスの効用も踏まえたうえで、ＫＰＩというものと付き合っていくことが必要です。

ＫＰＩを用いたマネジメントには限界があるという理解も必要です。例えば、確かに特定のＫＰＩに評価報奨を紐づければ、人々をそのＫＰＩ達成に向けて動機づけることは可能です。しかし、それだけに頼った経営は非常にもろいものです。

動機づけは確かに評価を活用して行うこともできますが、やはり本人の内発的動機が必要ですし、それを踏まえた上司とのコミュニケーションによっても大きく向上するものです。そうしたことを忘れて数字だけで人を動かそうとすると、非常にぎすぎすした組織になってしまうのです。また、先述したように、評価に結び付く特定のＫＰＩを高めるために、本来の企業の目標にそぐわないような行動をとってしまう可能性もあるのです。

ＫＰＩは切れる刀だからこそ取り扱いには注意が必要だ、ということは強く認識しておくべきでしょう。

CHAPTER2

# KPIの実例ストーリー

CASE

# 1

# A光学工業の営業改革

## A光学工業の基本情報

A光学工業は、企業や大学などの研究機関向けに特殊な顕微鏡などのニッチ製品を売る「隠れた優良企業」である。海外販売は基本的に商社と現地の販売代理店に委託していたが、売上げの40%を占める国内については主に直販制度を採用していた。

セールスの主軸となるのは営業部門であった。営業が問合せに応じて企業を訪問したり、時には「コールドコール」（121ページ参照）的に見込み顧客となりそうな企業や研究機関に電話をかけ、アポを取り訪問する。そして最初の訪問から商談を煮詰め、リード（見込み顧客）を特定し、最終的に受注へと結び付けるのが営業担当者の役割であった。

セールスのサポートを行うのがマーケティング部門である。マーケティング部門は、電話やウェブでの問合せを喚起すべく専門誌などに広告を行ったり、営業部隊が営業しやすいようなプロモーションツール（パンフレットや時には動画など）を作成する。

## これまでの営業担当者の動き

これまで営業担当者は、過去のパフォーマンスなどを勘案し、一人ひとりに受注目標額が与えられ、それをクリアすることが求められた。国内に十数カ所ある各支店には数人の営業担当者が配属されていた。支店ごとにも受注目標額が与えられ、それを各人に割り振るのが一般的であった。

A光学工業の営業部門は、昔ながらの体育会的な組織であった。先輩が後輩の面倒を一定期間見て、数カ月で独り立ちさせる。人事的な評価は基本的に最終受注額で決まる。「後輩の育成」や「同僚へのアドバイス」といった定性的側面も評価対象になったが、基本的に数字を上げた人間がそれに応じて良いボーナスを受け取った。最も営業成績の良い人間は、インセンティブボーナスが500万円程度になった。管理職への昇格はさすがに指導力などの適性も見られたが、実際に支店長になっているのは過去に優秀な営業成績を上げた人間ばかりであった。

数字を上げられない営業担当者は、別の部署に異動になるか、会社を辞めて別の企業に行くことが多かった。とにかく数字を上げた人間が偉いという文化が浸透していた。

A光学工業では、売り方は各営業担当者に任されており、一人ひとりが自ら工夫して売っていた。地道に訪問を重ね製品特性を打ち出して売る人間もいれば、接待などを活用して人間関係重視で売る人間もいた。接待予算枠は若干の額がほぼ一律に設けられていたが、ほとんどしない人間もいれば、その枠では足りず、自腹を切ってまで大々的に活用する営業担当者もいた。

営業担当者は年間および四半期ごとにＭＢＯ（目標管理）で目標が設定された。四半期の売上げ目標を早々に達成した営業担当者は、あえてそれ以上売ることをせず、翌期の貯金として回す者も多かった。目標さえ達成してしまえば、あとはパチンコ屋で時間をつぶすという、昔ながらの営業担当者といった人間も少なからずいるといわれていた。

## 営業改革へ

こうした営業スタイルを見直すべきという議論のきっかけになったのは、競合であるＢオプトサイエンス（以下、Ｂオプト）の台頭であった。Ｂオプトはベンチャー企業であったが、その製品力の高さもあって、Ａ光学工業のシェアを奪い始めていた。これまでであればあっさりＡ光学工業が受注できたような案件でもＢオプトに負けるということがしばしば起きていた。Ｂオプトはまた、単にモノがいいというだけでなく、顧客ニーズに合わせたコンサルティング営業に特徴があった。Ａ光学工業が製品スペックや人間関係を頼りに売っていたのに対し、Ｂオプトは愚直に顧客の根源的なニーズを聞き出し、そのソリューションを提供するというスタイルで顧客の支持を集めていった。

A光学工業内には危機感が漂っていた。製品のレベルは決して負けているわけではないのだが、顧客からは「A光学工業さんは昔ながらの営業だからねえ」などと揶揄されることも多かった。「Bオプトの方が丁寧に話を聞いてくれるし、気の利いた提案もしてくれる」という声も多かった。営業体制にメスを入れる必要があるのは明らかであった。

そこで招聘《しょうへい》されたのが、営業コンサルタントの佐藤幸太郎であった。佐藤は社内ヒアリングや顧客ヒアリングを行った結果、「営業の見える化・標準化」と「ＳＦＡ（セールスフォースオートメーション）の段階的な導入」を提案した。以下、本ケースでは主に前者の「営業の見える化・標準化」について記述する。

## 佐藤の問題意識

佐藤がヒアリングをする中で最も課題と感じたのは、営業があまりに属人化しており、「標準」となるものがないことであった。もちろん、全営業担当者に同じ動きをさせることは不可能ではあるが、やはり何かしらの「標準」を設定し、それをベースにプラスアルファを積み上げることが有効であると佐藤は過去の経験から知っていた。

では何を標準化するか。佐藤はそれは営業プロセスと営業担当者のコンピテンシー（140ページ参照）だろうと仮説を立て、さっそく動き出した。

まず作ったのは、図5に示した営業のフロー図である。そしてこのフロー図の各プ

図5　営業プロセスの見える化

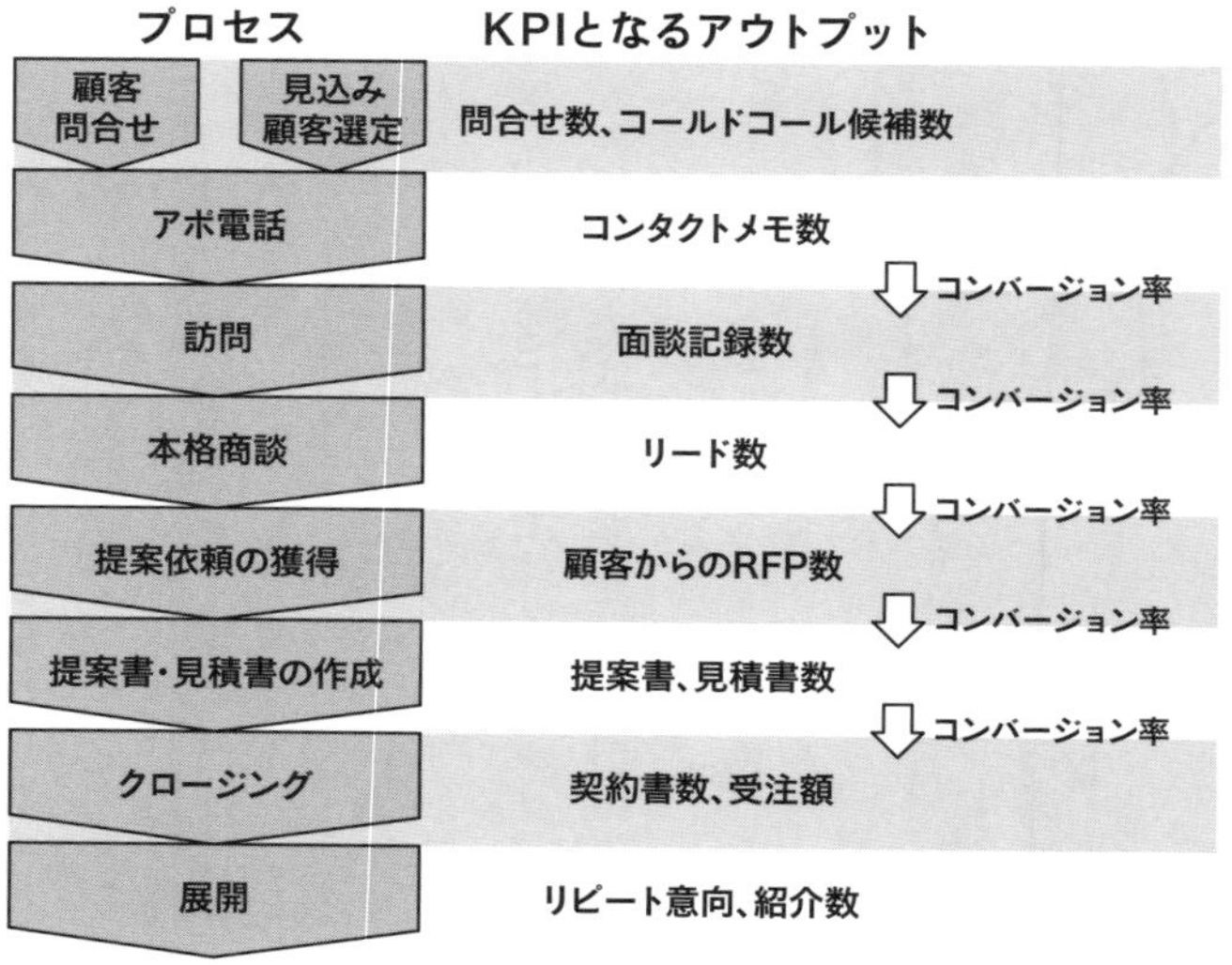

ロセスにＫＰＩとなる成果物を指定し、さらに次のプロセスへのコンバージョン率を示すことで営業プロセスの見える化を行うことにした（ＣＨＡＰＴＥＲ３参照）。

これを月次で、各営業担当者、各支店ごとに行うことにしたのだ。これを行えば、各営業担当者が今どのステータスにあるのかがわかるし、もしプロセスの上流が枯れているようなら、そこを厚くする活動を行う必要がある。

それまで最終受注額のみで評価されてきた営業担当者の一部には根強い抵抗を示す者もいたが、「営業改革こそＢオプトに勝つうえで必須」という社長の後押しもあって導入されることになった。

図６に示したのは中堅のＣさんのある月の事例である。カッコ内の分子に示したものが実績、分母で示したものが目標である。目標は、部署の平均的なパフォーマンスや過去の実績に応じて設定されていた。

Ｃさんは最終的には頑張って３０００万円の目標受注額に対し２５００万円と頑張ったものの、83%の未達という結果であった。その原因がどこにあるかといえば、上流工程、特にＲＦＰ（１２８ページ参照）が獲得できていないことである。これは仮説として、確度の低い相手をリードとみなしている、あるいは適切な購買意思決定者（ＤＭＵ：Decision Making Unit）にアプローチできておらず、そこで時間をロスしていることなどを示唆していた。

一方、受注1件当たりの額は大きい。比喩的に野球の打者に例えていえば、「選球眼は悪いが、当たったときには大きい」とでもいえよう。これが正しいのであれば、確度の高いリードを見出したりDMUを適切に見出すスキルを伸ばすべく上司がコーチングや営業模擬セッションなどを行う必要があるだろう。一方で、なぜCさんの1件当たりの受注額が大きいのかも分析し、それを横展開すれば、組織全体としての受注額も上がるかもしれない。

また、図6はあくまでも目標に対する達成度であるが、営業担当者同士の比較や、前年度との比較など、多面的に比較・分析を行えば、より効果的なアクションがとれることはいうまでもない。

これまで不透明だった営業担当者の行動

図6　営業プロセスの見える化（Cさんのケース：実績／目標）

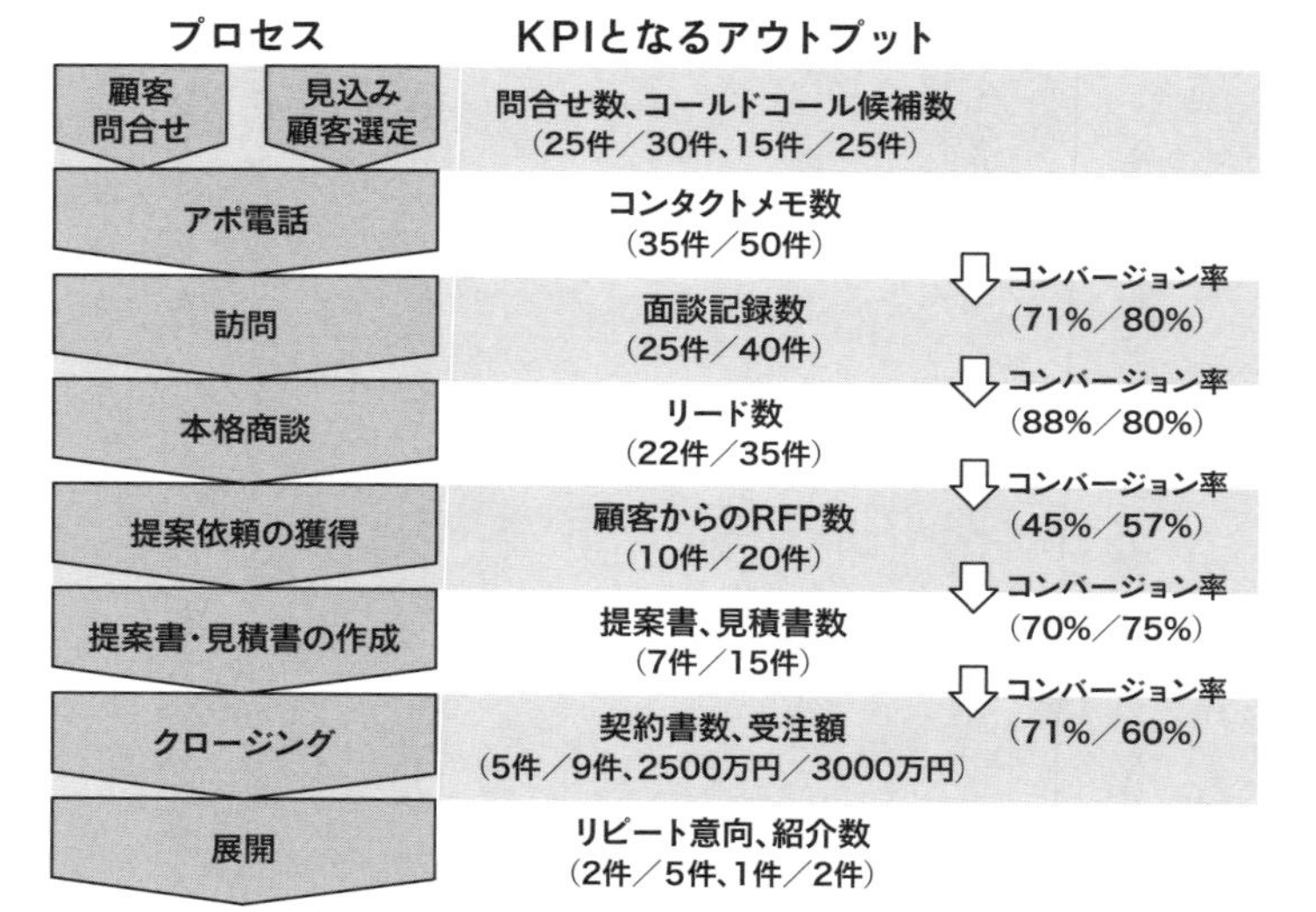

は、これによってかなり明確に可視化されることになり、また営業担当者ごとのテコ入れポイントが明確になってきたのである。

なお佐藤は、営業プロセスの見える化に合わせ、それまで受注額１００％に近かった評価（定量面）も、プロセス部分に20％から25％程度の重みを置くことを提唱した。最終的な数字を上げることだけではなく、適切なプロセスを踏むことの重要性を組織に浸透させるためである。これについては、「訪問数だけをいたずらに増やす営業担当者が出たりしないか」と取締役会でも反対は出たが、「中長期的にはそうした行動は減るだろう」ということで、おいおい導入される見込みである。

また、後輩の指導などはそれまで定性項目として扱われてきたが、これもメールなどでの指

導回数などを用いて可視化できないか検討することとなった。

## ☑コンピテンシーの標準化

もう１つ佐藤が取り組んだのがコンピテンシー（１４０ページ参照）の標準化である。これにより、営業担当者としての適性の見極めを早くし、また中途採用などにも活かそうというのである。当然、指導も効率化される。

そこでまず、結果を残している営業担当者がどのような優れた行動特性を持っているかが調べられた。そして、いくつかの行動特性の中から、すべての営業担当者に必要になるだろうと考えられる、７つの鍵となるコンピテンシーとその得点範囲が明確

**図７　抽出されたコンピテンシー**

| コンピテンシー | 望ましい範囲 |
|---|---|
| 市場把握力 | 70-90 |
| 論理的思考力 | 70-90 |
| 事前準備 | 70-90 |
| 課題洞察力 | 60-70 |
| 製品知識の適正活用 | 70-90 |
| コンサルコミュニケーション力 | 70-90 |
| 大胆なクロージング | 50-70 |

にされた。得点は１００点満点ではあるが、特定のものだけが高すぎるのも問題があるため、ベストの点数は１００点ではなかった。

このモデルの導入にも抵抗はあったが、コンピテンシーは必ずしも評価報奨にダイレクトに結び付くものではなく、全体の底上げを図るものだということを丁寧に説得することで現場の理解は得られた。

A光学工業はもともと中途採用を積極的に行う会社であったが（そのかわり辞める人間も多かった）、新しい採用は基本的にこのコンピテンシーを参考に行われた。例えば論理的思考が非常に得意な人間であっても、課題洞察力に難があれば、彼／彼女は営業担当者としては採用しないということである。

**図 8　コンピテンシーの向上**

| コンピテンシー | 望ましい範囲 | 1年前平均 | 今年度平均 |
|---|---|---|---|
| 市場把握力 | 70-90 | 61 | 68 |
| 論理的思考力 | 70-90 | 57 | 70 |
| 事前準備 | 70-90 | 55 | 66 |
| 課題洞察力 | 60-70 | 52 | 60 |
| 製品知識の適正活用 | 70-90 | 59 | 67 |
| コンサルコミュニケーション力 | 70-90 | 72 | 77 |
| 大胆なクロージング | 50-70 | 60 | 60 |

先のプロセス管理の導入と並行して、営業担当者の育成プログラムも改変され、これらのコンピテンシーを底上げするようなプログラムが組まれた。例えば論理的思考力や（コンサルティング）コミュニケーション力に関するコンピテンシーが低い人間には「クリティカル・シンキング」や「ビジネスコミュニケーション」などのプログラムが実施された。

この仕組みを徹底した結果、1年後には営業部門のコンピテンシーは確実に上がっていった。

## 結果

佐藤はこれらの他にも、営業担当者の使用時間分析や、ターゲット顧客の絞り込みのための分析ツールをいくつか紹介した。そして営業支店のリーダーは、それを確実に使えるようになることが求められた。

業務プロセスの標準化とコンピテンシーの標準化については、当初こそ現場の反発もあったが、半年くらいするうちに明らかに効果が出てきたこともあって、そこからは一気に定着していった。そして佐藤が招聘されてから1年半。今では部下の指導や中途採用の面談に当たって、これらの情報が当たり前に用いられるようになっている。

業績も好調で、営業担当者の生産性は1年半前に比べて20％上がり、今後もさらなる向上が期待されている。佐藤を招聘した社長の山田順一郎はつくづくと思いにふけっていた。

「最初は心配だったが、物事をＫＰＩとして可視化すると、これほどまでにマネジメントの効率が上がるとは……。今後は可視化がしにくい開発部門についてもこのやり方を応用したいものだ。佐藤さんは営業改革が専門だから、開発業務に詳しい知人がいないかぜひ聞いてみよう」

山田は絶好調が予測される今年度の予算実績管理表を見ながらそう考えるのであった。

CASE 2

# コクーンの新規事業

## コクーンの基本情報

コクーンは、もともとはゲームソフトの会社である。新規事業としてエンターテインメントに学習を加味した「学べるアプリ」こと「学ボウズ」を展開することを決めたのは２０１７年のことであった。そのプロジェクトリーダーを任されたのは、教育機関にも籍を置いたことのある下田優里であった。

下田は早速企画書を作成することになった。そして上司や経営企画室のサポートも得て、以下のような骨格が出来上がった。

**想定顧客**：大学生から20代の若手ビジネスパーソン

**製品**：若手のビジネスパーソンに役に立つ読み物や動画などをエンターテインメント性を加味して提供。ゲーム的要素も入れる。基本的にスマートフォンのアプリで展開する（ＰＣ版もあり）。

製作は外注化する。内容はどんどん追加、統廃合し、アップデートしていく。ユーザー同士の交流サイトもあり

**価格**：1年ごとのサブスクリプションモデルで年間９０００円。1年単位で更新する

**プロモーション**：主にウェブマーケティングで行う。コクーンの全社広告でも紹介してもらう。最初の1カ月はお試し期間として無料で使用可能

**チャネル**：販売代理店などは使わない。基本的にアプリなので物流は発生しない。ただし、スマートフォンからのダウンロード時に15％の「テラ銭」がとられる（実際にはApp Storeでは初年度は30％、2年目以降15％だが、ここでは単純化のためこの前提で議論を進める）

　同時並行で優里（社内に下田という姓の人間が2人いたので、優里は社内では通常「優里さん」と呼ばれていた）はラフな投資採算分析を行った。用いたのはオーソドックスなＤＣＦ法である（４２９ページ参照）。その結果が図９だ（図中の用語についてはＣＨＡＰＴＥＲ６を参照のこと）。

　なにぶん、コクーンとしても初めての試みだったのでその前提については議論になったが、最終的なＮＰＶはプラスということでＧＯサインが出されることになった。優里は早速４人のプロジェクトチームを組み、プロジェクトがスタートした。

単位：1000円（金額に関するもの）

| Yr4<br>2021 | Yr5<br>2022 | Yr6<br>2023 | Yr7<br>2024 | 前提 |
|---|---|---|---|---|
| 40,000 | 50,000 | 60,000 | 70,000 | 毎年10,000人増加 |
| 90,000 | 120,000 | 150,000 | 180,000 | 継続年数を平均3年と仮定 |
| 688,500 | 918,000 | 1,147,500 | 1,377,000 | 単価9,000円×0.85 |
| | | | | |
| 103,275 | 137,700 | 172,125 | 206,550 | 売上げの15% |
| 400,000 | 500,000 | 600,000 | 700,000 | CPA：10,000円 |
| 150,000 | 175,000 | 200,000 | 225,000 | 3年目以降は緩やかに増加 |
| 35,225 | 105,300 | 175,375 | 245,450 | |
| 24,658 | 73,710 | 122,763 | 171,815 | 実効税率30% |
| 10,000 | 20,000 | 10,000 | 10,000 | 投資は5年償却 |
| 50,000 | | | | |
| 0 | 0 | 0 | 0 | 在庫はなく、売掛金と買掛金が相殺するものと仮定 |
| 0 | 0 | 0 | 0 | |
| -15,343 | 93,710 | 132,763 | 181,815 | |
| | | | 181,815 | Yr7のFCFの1年分と仮定 |
| -49,849 | 66,814 | 88,465 | 226,450 | 割引率＝WACCは7%。Yr7は残存価値分も含む |
| | | | | |

図 9 「学ボウズ」の投資採算シミュレーション

| KPI | Yr0<br>2017 | Yr1<br>2018 | Yr2<br>2019 | Yr3<br>2020 |
|---|---|---|---|---|
| 新規獲得顧客数 | | 10,000 | 20,000 | 30,000 |
| 累積顧客数 | | 10,000 | 30,000 | 60,000 |
| 売上高 | | 76,500 | 229,500 | 459,000 |
| 費用 | | | | |
| 外部委託開発・運用費 | | 11,475 | 34,425 | 68,850 |
| プロモーション費用 | | 100,000 | 200,000 | 300,000 |
| 人件費等固定費<br>(減価償却含む) | | 50,000 | 100,000 | 125,000 |
| EBIT | | -84,975 | -104,925 | -34,850 |
| EBIT×(1−t) | | -59,483 | -73,448 | -24,395 |
| 減価償却費 | | 10,000 | 10,000 | 10,000 |
| 投資 | 50,000 | | | |
| 運転資本 | | 0 | 0 | 0 |
| 増加運転資本 | | 0 | 0 | 0 |
| フリーキャッシュフロー(FCF) | -50,000 | -49,483 | -63,448 | -14,395 |
| 残存価値 | | | | |
| Yr0における現在価値 | -50,000 | -46,245 | -55,418 | -11,751 |
| NPV | 168,467 | | | |

## ☑ 2020年6月現在の戦略ミーティング

「学ボウズ」の出足は予想以上に順調であった。ユニークな広告クリエイティブのおかげもあり、ターゲット層への認知率は初期から高いものがあった。顧客の満足度も適宜モニタリングし、コンテンツの改善を図ったことも奏功した。

事業計画は毎年ローリング（修正）されていったが、基本的に目標数値はクリアする状況が続いていた。とはいえ、個々のＫＰＩについては未達のものもあり、それをどうするかは常に課題であった。

２０２０年６月の月次戦略ミーティングで出された資料をピックアップしたものが図10と図11である（いずれももっと精緻な図であるが、重要なパートのみを抽出している）。優里は、毎週のチームでの進捗ミーティングに加え、月次レベルで上長も交えたミーティングを開催

### 図10 2020年6月の資料抜粋（1）

| | ウェブ訪問数 | | 使用開始（会員登録） | | 有料登録（クレジット支払い） | 継続利用 |
|---|---|---|---|---|---|---|
| KPI | ユニークユーザー数（UU数） | | コンバージョン数 | | 有料会員数 | 継続率 |
| 5月実績 | 41,000 | 14.6% → | 6,000人 | 60.0% → | 3,600人 | 90% |
| 5月目標（達成率） | 35,000（117%） | 16.0% → | 5,600人（107%） | 58.9% → | 3,300人（109%） | 93% |
| 昨年5月実績（成長率） | 20,000（205%） | 20.0% → | 4,000人（150%） | 62.5% → | 2,500人（144%） | 86% |

### 図11 2020年6月の資料抜粋（2）

| 目標値 | 広告経由 | 自然流入他 |
|---|---|---|
| 3,300 | 2,000 | 1,300 |

| 有料登録数 | 広告経由 | 自然流入他 |
|---|---|---|
| 3,600 | 1,800 | 1,800 |

**広告媒体別CPA**

（注）CPAは会員登録ベースで考えることも多いが、ここでは有料登録ベースで算出している。

| | 広告額 | 有料登録数 | CPA（注） | 【参考】第1四半期CPA |
|---|---|---|---|---|
| 媒体A | 8,000,000 | 400 | 20,000 | 22,000 |
| 媒体B | 16,000,000 | 1,000 | 16,000 | 24,000 |
| 媒体C | 8,000,000 | 300 | 26,667 | 18,000 |
| 媒体D | 5,000,000 | 100 | 50,000 | |
| 計 | 37,000,000 | 1,800 | 20,556 | 22,000 |

し、大きな戦略方針を変える必要がないかどうか確認することにしていた。そこで大きな未達があったり、予想外の出来事があるたびに戦略を微修正していくのである。

これまでコクーンにはこのような緻密なＰＤＣＡの回し方をするケースはあまりなかったが、優里は前職での経験も踏まえ、こうしたミーティングを愚直に行うことこそ成功への近道だと考えていた。直属の上司である北川裕もそうした正論に反対することはせず、月に1度のミーティングでは出てきた数字を見ながらアドバイスをすることにしていた。場合によっては人員を増強したり、他部門の協力を得るように動くのも彼の仕事だった。

一通りの報告が終わった後、まず図10を見ながら議論が始まった。

---

**優里**「ご覧の通り、数字は目標をすべて上回りました。新型コロナの問題もあってどうなるかとも思ったのですが、むしろ『巣ごもり需要』を取り込めたようで、数字的には良かったと思います」

**北川**「目標数字をクリアしたのはまずは良かった。こういう状況下だからね。でも、会社全般でも『巣ごもり需要』があったおかげで、全般的にコクーン全体の業績は悪くないようだ。しかし、この資料を見ると、次プロセスへのコンバージョン率（176ページ参照）が下がっているのは多少気になるな。ウェブ訪問数がこれだけ増えているのに、結局有料会員になったのは目標の９％増程度か……」

**優里**「それについては、有料会員になる際には使用開始からのタイムラグもあるので、もう少し慎重にウォッチする必要がありますね」

**北川**「それにしてもこれだけ訪問数が増えたのは、やはり在宅勤務が増えたせいだろうか？」

マーケティング担当の大沢武が答えた。

**大沢**「その可能性は高いでしょうね。次の資料でご紹介しますが、広告に反応した顧客もさることながら、検索などで自然流入したＵＵ（１８０ページ参照）が多いようです。もちろん、そうした訪問者も同程度にコンバージョンできればいいのですが」

**北川**「そうか。有償化した顧客に何らかのインセンティブをつけるといいのかな」

**大沢**「それもありますが、ランディングページ（２０９ページ参照）をもう少し魅力的なものにする方が効果があるような気がします」

**優里**「私も直感的にはその方がいいと思います。今までは広告からの流入を前提にランディングページを作っていましたが、最近はその他の流入が多いです。ここは一度何か試してみる機会かと思っています」

**北川**「……そうか。であれば、素案ができたら相談してくれ。それは別にして、継続率は上がっているようだね」

**優里**「これは地道にコンテンツの統廃合をしてバージョンアップしているので。あと、最近になって会員の交流サイトがかなり活性化してきて、そのおかげで離脱率が減ったという印象があります」

**北川**「それはユーザーの声かな」

**優里**「そうです。まだ一部の声だけですが、交流サイトが魅力的だという意見をかなり交流サイトの中でもアンケートでも目にする機会が増えました。エンタメ性も以前に比べると評価は上がっています」

交流サイト設計担当の大川瑞希が発言した。

**大川**「私も同じ意見です。今はまだ定性的な情報しかありませんが、これも何かしらＫＰＩを設定して捕捉していきたいと思います」

**北川**「ＫＰＩの候補はどんなものかな？」

**大川**「交流サイトの発言の質を定量化するのは難しいですが、まずはコメント数ですね。あと、インフルエンサー的なユーザーへのヒアリングを行うことも検討しています」

**北川**「うん、その辺はよろしくお願いするよ」

**優里**「あと、アプローチ方法は工夫の必要がありますが、離脱したユーザーの声も拾いたいと思っています。できればデプスインタビュー（２０９ページ参照）で本音のところを聞きたいですね」

**北川**「現時点での仮説は？」

**優里**「若い層などは、年間９０００円、税込みで９９００円といえども負担になっているという声を聞いています。実は30代のユーザーも多いのですが、そうした人はもっと実用性を高めてほしいと感じているのでは、というのが現時点での仮説です」

**北川**「なるほど。それは早めに確認しておきたいな。その分析もよろしくお願いするよ」

次に図11についての議論に移った。広告担当の花岡次郎が発言した。

**花岡**「見ていただくとおわかりの通り、全体のCPA（１４８ページ参照）は下がっています。メイン媒体である媒体Bと媒体AのCPA改善が効いています。一方で、媒体Cは急激に悪化しました。理由はこれから詳細を検討しますが、媒体C自体が炎上問題で評判が下がったことの影響を受けた可能性はあります。また、新たに試した媒体Dですが、これは有料登録数も低いですし、効果に見合っていないと思います。クリエイティブの問題かもしれませんが……。一応、今月も継続する予定ですが、数字が悪ければ継続せずということでよろしいでしょうか？」

**北川**「まあその線で行こうか。媒体Cは気になるが、今月は様子見だな」

**優里**「個人的には媒体Aと媒体Bにもっとフォーカスして広告を出してもいいと思うけど、花岡さんはどう思う？」

**花岡**「その意見も一理あると思いますが、もう3カ月くらいはいろいろと試してみたいと思います」

**優里**「……わかったわ。ぜひいろいろ工夫してね」

**花岡**「承知しました」

**北川**「自然流入なども含めた全体のCPAはどのくらいになるかな？」

**優里**「そうですね。自然流入といっても検索の効率を上げるためのSEO（162ページ参照）などのコストもかかっているので、だいたい12500円といったところでしょうか」

**北川**「12500円ということは、当初優里さんが立

てた計画にかなり近くなってきたということか」

**優里**「そうですね。ただ、顧客のＬＴＶ（１５２ページ参照）が予想より低い可能性もあるので、もう少しＣＰＡが下げられないかいろいろと検討をしてみます」

**北川**「うん、それはよろしくお願いするよ。同時に本当にＣＰＡが低くなりそうなのか、向上させるためには何が必要かのアイデアも考えてほしいな。それを次回のミーティングで議論しよう」

**全員**「わかりました」

このようなペースで会議は続き、１時間の間に建設的な意見がいくつも出された。

ミーティングを終えた北川は感じていた。

「このやり方を最初提案されたときは戸惑ったが、明らかに効果的だな。ＫＰＩを見ながら議論できるから精度も高いし、的を射た議論もできる。この方法論をぜひ全社に広めたいものだ」

# PART 2

# 基本KPI100

PART2では各章末に用語解説のコーナーを設けています。［＊］印がついている用語について詳しく知りたい方は章末をご参照ください。

また、各節末にある「関連KPI」で太字になっているものは、本書で「基本KPI100」として紹介しているものです。そちらもご参照ください。

CHAPTER3

# マーケティング・セールスのKPI

WORDS

001

MARKETING

# 売上高

**企業が製品・サービスの対価として顧客から得た金額の合計。経営において最も重視される数字の1つ**

**KPIの設定例**

**この新モデルの初年度売上高は、前回のモデルチェンジ時の1.5倍の150億円としたい**

**数値の取り方／計算式**

内部資料より入手。他社の数字も全社のものであれば容易に入手可

**主な対象者**

経営者、事業責任者、営業責任者、プロダクト責任者、営業担当者

## 概要

企業にキャッシュが入ってくるパターンは突き詰めると４通りです。①売上げを上げる、②負債（借り入れなど）で調達する、③増資で調達する、④資産を売却する。このうち④はやや例外ですし、②③は①の見込みがあるからこそ銀行や投資家がお金を提供してくれるといえます。つまり、突き詰めれば企業活動を存続させるには、①売上げをしっかり顧客から上げるということが基本となるのです。売上高を順調に上げている企業は、基本的に企業活動も順調な企業といえます。

## KPIの見方

売上げは全社単位、部門単位、製品単位など、さまざまなレベルでチェックします。そして時系列で見た比較や予算に対する実績で見た差異分析などをしっかり行い、ＰＤＣＡを回すのが企業活動の基本です。ＰＤＣＡはあらゆるＫＰＩについて当てはめることができますが、経営者が最も意識を向けるのはやはり売上げです。年次や四半期ベースはもちろん、日次、週次、月次など、さまざまな時間軸でこれをチェックするのが一般的です。

なお、売上げは売掛金を回収してこそ実現します。支払い能力に疑問がある取引先に売って売上げ目標を達成しても、不良債権となってしまっては意味がありません。

## KPIの使い方

ここではある事業や製品の売上げに着目しましょう。目標売上げは、市場環境、競合環境、自社の経営資源といった経営環境をバランスよく考慮して設定します。例えば市場が成長期で自社も人員を増やしている場合、多少競合が増えていたとしても、過去の売上げを参考に○○％アップと設定することが多いでしょう。一般的には、事業トップとして達成したい売上げと、現場（営業担当者など）から上がってくる目標売上げを突き合わせ（通常、前者のトップダウンの数字の方が後者のボトムアップで積み上げた数字より最初は大きくなります）、目標売上高をすり合わせていきます。

目標売上高の設定に当たっては、CHAPTER1でも触れたように、さまざまな下位のKPIにブレークダウンして見込みを作ることも少なくありません。例えば「新規顧客からの売上げ＋既存顧客からの売上げ」、あるいは「延べ顧客数×1回当たり購買額」、「リアル店舗での売上げ＋Eコマースでの売上げ」などです。

売上げは一人ひとりの営業担当者やマーケティング担当者など、個人レベルに落とし込まれるKPIの中でも最も重視されるものです。売上予算未達の営業担当者などは早期にその原因を突き止め数字を上げるべく、上司からの指導などが行われるのが一般的です。

## 補足・注意点

売上高は最も多くの従業員が気にするＫＰＩです。それゆえ時々起こるのは、このＫＰＩに目が行きすぎてしまい、経営陣が望む行動をとらないという結果です。例えば営業担当者は通常売上げを上げるプレッシャーが強いと、容易に売りやすい商品や売りやすい既存顧客をあてにしてしまいます。これは往々にして利益を下げたり、将来の売上げ見込みを細らせることになります。売上げは重要ではありますが、やはり他のＫＰＩとの適度なバランスによるマネジメントが必要です。

**関連ＫＰＩ**

受注額、**売上高成長率**、不良債権比率、**市場シェア**

WORDS

002

MARKETING

# 市場シェア

**ある市場における自社の製品・サービスの占有率。数量ベースで示す場合と、金額ベースで示す場合がある**

**KPIの設定例**

**今年度の市場シェアは対前年3ポイントアップの20%を目指す**

**数値の取り方／計算式**

業界団体があれば、そこで捕捉されていることが多い。リサーチ会社の資料からも入手可能

自社製品・サービスの数量÷市場全体の数量　あるいは

自社製品・サービスの売上高÷市場全体の売上高

**主な対象者**

経営者、事業責任者、営業責任者、プロダクト責任者

## 概要

市場シェアは、定義した市場における自社の存在感を示す数字といえます。市場シェアが特に重要になるのは、それが競争力に結び付く業界においてです。具体的には、規模の経済性やネットワークの経済性が効きやすく、「規模が大きいこと」や「顧客が多いこと」などがコスト競争力や利便性につながる場合、シェアは重要なＫＰＩとなり、それをいかに増やすかということが大事な経営課題となります。

## ＫＰＩの見方

市場シェアは順位や、ライバル企業のシェアと合わせて見ることが必要です。例えば、同じシェア約30％といっても、自社もライバルも30％でほぼ拮抗してトップ争いをしているケースと、自社がシェアトップで2位の市場シェアが15％の場合、当然その意味合いは変わってきます。また、平均価格がプレーヤーごとに大きく違う場合は、数量ベースと金額ベースの両方を見ることで市場での地位をより正しく捉えることが必要です。

古典的なフレームワークのランチェスターの法則（市場シェアに応じてとるべき戦略は異なると考える）では、市場シェアがおよそ42％を超えると、市場1位の地位は安定したものになるとされます。

## KPIの使い方

金額ベースの市場シェアに関しては、市場規模×自社の市場シェア＝自社の売上高となりますから、目標とする市場シェアは、目標とする売上高と非常に強い連関を持つことになります。全体の市場規模がある程度想定される場合、目標とする売上高を決めれば、自ずと目標シェアが決まってくるともいえます。

一般には売上目標を先に決めることが多いですが、目標シェアを先に決めることもあります。それはシェアが戦略目標上重要な場合です。例えば、特に業界1位の場合、そのことがプロモーションにも使えるため（例：「○○市場トップの定番商品です」といった売り方ができる）、競合との現状の差を勘案したうえで先に目標シェアを決めることもあります。

## 補足・注意点

市場シェアは市場の定義次第で変わるので、「自社にとって意味のある業界定義」をしたうえでシェアを見ることが必要です。例えば地域密着型のスーパーであれば、全国シェアよりも、展開している地域におけるシェアの方がより重要といえるでしょう。
なお、導入期にあるような市場の場合、正確な市場シェアのデータを取れないというケースもあります。そうした場合には、自社を含め主要プレーヤーを例えば10社程度ピックアップし、彼らの推定売上高から自社の大まかなシェアを推定し、目標を設定するといったやり方をすることもあります。

COLUMN

あまりに高すぎるシェアはしばしば独占禁止法の対象になることがあります。１９８０年代までビールのシェアで60％以上を誇っていたキリンビールは、それゆえビールのシェアを高めることにあまり力を注ぎませんでした。結果論ではありますが、それがアサヒビールの「スーパードライ」に付け入るスキを与えたともいえるのです。シェアが高いからといって油断はやはり禁物です。

**関連ＫＰＩ**

**売上高**、相対シェア【＊1】

WORDS

003

# 顧客内シェア

**特定の顧客の支出額に占める自社製品・サービスへの支出の割合。ワレット・シェアともいう**

| KPIの設定例 | （製薬メーカーにおいて）最も重要なインフルエンサー［＊2］である東大病院で50%の顧客内シェアを確保する |
|---|---|

**数値の取り方／計算式**

顧客内の自社製品の売上げ÷その製品カテゴリーに関する顧客の総購入額

**主な対象者**

事業責任者、営業責任者、マーケティング担当者、営業担当者

## 概要

顧客内シェアは、市場全体に占める割合ではなく、個々の顧客に占める割合を見ることから、個別の顧客の自社製品に対するロイヤルティを測る指標となります。一般に、顧客内シェアが高いほど、その顧客の自社商品へのロイヤルティが高いことを意味し、企業にとっては好ましい状態といえます。一方で、顧客内シェアの低さは、その顧客に対する「伸びしろ」が大きいともいえます。

## KPIの見方

顧客内シェアは顧客ごとに出る数値ですから、個別の顧客の重要性を勘案してメリハリをつけながら見る必要があります。通常は、その業界の市場シェアの大きな顧客ほど顧客内シェアが高い方が望ましいといえるでしょう。例えば自動車業界が顧客となっているならば、トヨタ自動車や日産自動車、ホンダにおける自社の顧客内シェアが高い方が好ましいということです。

顧客内シェアはBtoCの業界でもアンケートなどによってある程度は推測することはできます。ただし、一人ひとりの顧客について実際にそれをモニタリングし、個々に対応をとることは通常はできません。むしろ、セグメントごとのシェアを意識する方が現実的といえるでしょう。

例えば、20代から30代の女性をターゲットにしている商品で、「30代のユーザーの顧客内シェアが60%あるのに対し、20代のユーザーの顧客内シェアは30%しかない」という状況があるのならば、それに応じたマーケティング戦略をとるといったことです。

## KPIの使い方

この指標は単独で用いるよりも、市場シェアとあわせて分析する方がより多くの示唆が得られます。例えば、競合と比べて市場シェアが同レベルで、主要顧客（特に先進的ユーザーやオピニオン・リーダー［＊3］）の顧客内シェアが低いときには、競争力低下の危険信号として捉えるなどです。

目標を設定する際も、そうした顧客の重要性を鑑みて個々に数値を設定します（重要な企業だけこの指標を設定することもあります）。ただし、通常、顧客内シェアをいきなり設定することはあまりなく、顧客別の売上げ目標と同時並行的に考えていくことが多いでしょう。「顧客A社の想定購買額は昨年並みのようだから、今年は顧客内シェアを40%から50%に上げて売上げ25%アップを図ろう」といったイメージです。

なお、顧客別の売上げ目標は往々にして「対前年○○%アップ」という方針で立てられることもありますが、それだけで目標を設定するのは賢明ではありません。年によって購買予算額が変わることも多いため、予め顧客の大まかな予算をしっかり把握することが営業活動においては重要になってきます。

## 補足・注意点

この指標の難しさは、個々の顧客の総購買額を知ることが難しいということです。大きな設備投資や正社員の採用投資などは本社で把握していることが多いですが、各部署レベルで発注するタイプの商材（例：ＩＴコンサルティング）などでは、顧客企業の中でも誰も総購買額を知らないというケースもあります。そうした場合はフェルミ推定【＊4】などを用いて大まかな数字を把握するということもあります。

競合を正しく設定することも必要です。観葉植物レンタル業者であれば、同業だけを見て顧客内シェアを考えるよりも、「オフィス環境投資予算」の中でのシェアを見る方が有効かもしれません。

**関連ＫＰＩ**
市場シェア、顧客満足度、ＮＰＳ、売上高

WORDS

004

MARKETING

# 認知率

**自社や自社商品・サービスをどのくらいの顧客が知っているかを示す指標。再認率と再生率の2つの数字を見ることが多い**

KPIの設定例

**競争が激しいので、多少の赤字は覚悟で1カ月後50%の再生率を目指す**

**数値の取り方／計算式**

アンケートによる質問（本文を参照）

**主な対象者**

事業責任者、プロダクト責任者、マーケティング担当者

## 概要

認知率はさらに再認率（助成想起率）と再生率（純粋想起率）に分けることができます。再認率は「〇〇という銘柄を知っていますか」と聞いたり、商品やその写真を見せたりするのに対し、再生率では「ビールといえば、何の銘柄を思い出しますか」というように商品情報を提示せずに回答してもらいます。なお、アンケートでこれらを同時に調査するときには、当然、再生率を聞く質問を先にします。

いずれも、高い方が自社製品がよく知られているということであり、好ましい状態といえます。

## KPIの見方

これらの指標が特に重視されるのは新商品発売時です。特にマスを対象とするＢｔｏＣの商材では、個別商品のブランドの認知度を時系列で注意深く見ます。また、すでに市場に流通している商品についても、その商品の競争力が維持されているかどうかを調べるために適宜認知率の調査がされます。

再認率と再生率はいずれも値が高い方がよいのですが、特に再生率が高ければ、多くの顧客が商品の存在や名称を正しく認識していることになるので、企業にとって好ましい状態といえます。

## KPIの使い方

新製品導入の場合、認知率の設定は、通常、過去の似たケースを参考に行います。例えばお菓子メーカーにおいて、過去の新製品発売時に「市場導入から3カ月時点での再認率50％」が平均だとしたら、それをまずは参考にするということです。そのうえで、その製品の重要度や、全くの新製品なのか派生商品なのかを勘案して目標値を絞り込んでいきます。通常は時間軸も意識したうえで、「1カ月後は○○％、3カ月後は△△％、半年後は□□％……」のように設定します。

また、認知率は勝手に上がるものではなく、上げるためには相応のマーケティング支出を必要とします。認知率が増えたとしても、それが売上げにつながるとは限りませんので、それも意識したうえで費用対効果の高いと思われる数値を設定していきます。それゆえ、このＫＰＩは「実際に売上げにつながっているか」も意識しながら、適宜モニタリングしてＰＤＣＡをスピーディに回すことが必要です。その検討に当たっては、単に認知率の高さだけを見るのではなく、認知されている内容や購入意向、さらには好感度などもあわせて見ていくことが大切です。

既存製品の認知率については、まずは現状維持が基本ですが、プロダクトライフサイクル【*5】

の変化や競合の状況なども勘案したうえで、あえて追加投資はせず、下がることも許容するといった意思決定をすることもあります。

## 補足・注意点

認知率は当然、ターゲットとする層における数値が最も重要です。もちろん現実にはターゲット以外の顧客が当該の製品を買うこともありますが、それはやはり追加的なものなので、まずはターゲット顧客層の認知率向上を促す施策をとるのがセオリーです。

また、派生商品やコーポレイトブランド名を冠している商品の認知率は、元の製品や企業の認知率と混同されることがあります。例えば仮にキリンビバレッジが「プレミアム生茶」という新製品を出した場合、元の「生茶」と混同して答える人は一定比率います。それらが正しく伝わっているかを確認することも大切です。

**関連KPI**

好感度、売上高広告費率

〉WORDS〈

MARKETING

# 005

# 使用経験率

**自社や自社商品・サービスを顧客が利用したことがある経験率。試用経験率と表記するケースもある**

KPIの設定例

**再生率の半分程度の使用経験率が必要だから25%程度を目指そう**

**数値の取り方／計算式**
アンケートによる質問（本文を参照）

**主な対象者**
プロダクト責任者、マーケティング担当者

## 概要

当然ですが、どのような製品・サービスであっても、「初めて利用した」という瞬間があるものです。まずはその製品・サービスに触れてその良さを知ってもらい、リピートしてもらうことはマーケティングの基本ともいえるでしょう。使用経験率はその「触れた顧客」の比率を意味するものです。

## KPIの見方

使用経験率は、顧客の態度変容プロセスの1つであるAMTULモデル【*6】でいえば3つ目の「T」に当たるものです。単に認知するという段階からより先に進んだステージにあるといえます。

この指標は一般的にはアンケートで測定されます。商材の特性にもよるので何%以上なら高いといったためどはありませんが、コンビニエンスストアに置かれているような安価な定番商品は高くなる傾向があります。例えば「コカ・コーラ」やカルビーの「ポテトチップス」などは90%以上の高い使用経験率があるとされます。当然ながら、高価な製品や新商品はそれに比べると低くなります。

使用経験率は絶対的な数値も大事ですが、ライバル商品と比較した高低も非常に重要です。

## KPIの使い方

使用経験率は、それ単独で考えるものではなく、認知率や購買意向とあわせて調査されたり議論されることが多い数字です。例えば同じ使用経験率30％という数字がアンケートで出ていても、認知率が80％の場合の使用経験率30％と、認知率が50％の場合の使用経験率30％とでは意味合いが変わってきます。

購入意向とのバランスも大事です。同じ使用経験率30％でも、その中における購入意向が90％と10％ではこれも大きく意味合いが違ってきます。前者であれば製品の競争力が非常に高いと推定されますので、認知率や使用経験率を高く設定し、そのための努力を行うことは理に適っています。一方、後者であれば、製品の魅力度がないことが推定されますので、認知率や使用経験率を上げることに注力しても効果は限定されます。その前に製品の魅力度や競争力を上げることにフォーカスすべきでしょう。

認知率や使用経験率はライバル製品との比較も大事な指標です。使用経験率がライバル製品と同様であるにもかかわらず、シェアが半分であれば、何かしらの原因があることが推測されます。その意味でも多面的な比較検討が必要な指標といえるでしょう。

## 補足・注意点

使用経験率は必ずしも購買経験率と一致しない点には注意が必要です。これは購買者とユーザーが異なる場合に生じます。ＢｔｏＢのサービス（例：会社支給のスマートフォンなど）はその典型です。親が子どもに買い与える商品や主婦／主夫が家族のために買う商品もその傾向が出ます。より厳密を期すのであれば、使用経験だけではなく、購入経験もあわせて調査検討する方がいいでしょう。

**関連ＫＰＩ**

**認知率**、使用意向、購買経験率

WORDS

006

MARKETING

# 市場力バレッジ

**本来ターゲットとなる潜在顧客に対してどのくらいアプローチできているかを示す数字**

KPIの設定例

**新規事業でまだ潜在顧客数も少ないから、市場力バレッジは100%を目指すぞ**

**数値の取り方／計算式**
コンタクトのとれている顧客数÷潜在顧客数

**主な対象者**
事業責任者、マーケティング担当者、営業担当者

## 概要

例えばＢｔｏＢのあるビジネスにおいて、潜在顧客数が８００社あるのに対し、アプローチできている数が４８０社だとしたら市場カバレッジは60%ということになります。仮にその会社の製品・サービスに競争力があったとしても、残りの40%の市場は「戦わずして失っている（あるいは負けている）」という状況になっていると考えられます。

## KPIの見方

この数字は次項で説明する配架率と近い意味を持ちます。一般的にはこの指標は高い方がいいと考えられますが、この数字を上げようとするとマーケティング担当者や営業担当者などの増員が必要になることが多いため、１００%でなくてはだめだというものではありません。

自社の固定費を増やさずに市場カバレッジを上げる方法に、流通チャネル（卸や小売りなどの外部販売業者）の活用があります。ただし、チャネルは通常自社のコントロールが利きにくいことが多く、また（テリトリーなどの契約次第ですが）、往々にしてチャネル同士で顧客のとり合いをしてしまうことがあります。そこで自社商品の値下げ合戦でもされたら目も当てられません。チャネルの活用に当たってはそうした要素も勘案します。

## KPIの使い方

この数字は主にマーケティング担当のマネジャーや営業担当のマネジャーが気にするものです。必ずしも多くの会社で明示的に設定されるわけでもありませんが、企業によってはこの数字をモニタリングし、マーケティングの施策などに活かしていきます。

特に成長期にある場合は、潜在顧客数がどんどん増え、カバレッジが追い付かないというケースが少なくありません。一方で売上げは伸びているので安心しがちです。市場シェアとあわせてこの数字をモニタリングしておくことが本来望まれます。

なお、先述したように、自社の営業担当者が直接訪問しているケースと、半分はチャネルに任せているケースでは、同じ市場カバレッジ80%でもその意味合いは異なってきます。商材の特性にもよりますが、直接的なカバレッジと間接的なカバレッジを分けて設定するというのも1つの手です。

この指標の設定で難しいのは、潜在顧客の見積もりです。例えば「従業員１００人以下の中堅企業」であればまだしも潜在顧客数の推定は容易ですが、「英語が苦手だけどそれを必要としている社長がいる中小企業」となるとその数字を明確にすることは容易ではありません。こうした場合には、過去の営業での感触なども勘案しながらフェルミ推定で潜在顧客数を設定することもあります。

## 補足・注意点

この指標は、数字の高低のみならずその質も重要です。例えば年に1度だけあいさつ程度のメールを送っているのと、四半期に1回程度足しげく通っているのとでは、カバレッジの質が違ってきます。法人顧客の場合は担当者が代わると急に疎遠になるというケースもあります。そうした内容の差にも目配せし、「あるべきカバーの仕方」もイメージしたうえで設定・運用する必要があります。

COLUMN

カバレッジを、「競合との勝率」とあわせて測定し、アクションに活かすこともあります。例えば自社のカバレッジが80%で、そのうち無競争が30%、競争状態が50%とします。話を単純化するために、競合は1社とし、カバレッジがそのままシェアに反映されるものとしましょう。このとき、現在、自社のシェアが50%だとすると、競合は無競争でシェアの20%を取り、さらに競争した50%の中で30%を取っていることになります。つまり、シェアは同じ50%で拮抗していても、「勝負になったときの勝率」は低く、相手がカバレッジを増してきた場合、自社がシェアを失う可能性が高いことが示唆されます。

**関連KPI**

**配架率**、カニバリゼーション度合い

WORDS

# 007

# 配架率

**BtoCの製品において、どのくらい店頭に並んでいるかの比率。配荷率ということもある**

KPIの設定例

**定番商品のAの配架率が昨年は対前年5ポイントも下がった。リニューアルをしっかりやって今年は一昨年の数字を挽回しよう**

**数値の取り方／計算式**

商品が置かれている店の数÷その商品が買われると思われる店の数

**主な対象者**

プロダクト責任者、マーケティング担当者、チャネル営業担当者

## 概要

最近はEコマースの影響もあって、必ずしも店頭に並んでいなくても商品を買えるルートが増えました。しかしそれでも特に安価な消費財、特に最寄品といわれる「身近な店で買う。そこに置いてなければ他社の商品で間に合わせることも多い」というタイプの製品については、確実に店頭に並べてもらうことが大事になります。この指標は顧客に買ってもらうための準備ができているかを示す指標ともいえます。

## KPIの見方

この数字は基本的に高い方が顧客の購買につながりやすくなります。「棚落ち」している商品を顧客は通常買わないからです。この数字が高い状態は、商品力（顧客の強い支持がある）があることを示すとともに、チャネルに対しての営業をしっかり行っていることを示します。例えばビールを買える小売店（コンビニエンスストアや量販店など）で、ビールのナンバー1商品であるアサヒビールの「スーパードライ」を置いていない店はまずありません（瞬間的な品切れは除く）。それを置かないことは顧客の不満につながりますし、小売店にとっても何のメリットもないからです。日本茶の「お～いお茶」（伊藤園）なども同様といえます。

## ＫＰＩの使い方

この数字はマーケティング担当者やチャネル営業の担当者が特に意識します。特に配架率が重視されるシーンに新製品の発売時があります。せっかく広告をどんどん流して認知度向上に努めているのに、店頭に置かれていないのでは大きな機会損失につながるからです。小売店としても、通常、広告が多く流れている期間はその商品を置きたがりますから、チャネルのニーズを叶えるうえでもしっかり配架できるよう、生産や物流体制を準備しておく必要があります。

新商品の配架率は、過去の製品の数字を参考に、その商品の戦略的位置づけなども勘案しながら設定します。最終的な理想は１００％ですが、商品が売れなかった場合はチャネルに迷惑をかけることにもつながりかねないので、市場導入時から高速でＰＤＣＡを回しながら徐々に高めていくケースが多いです。

なお、メーカーサイドで準備をしても、卸が必ずしも思った通りに動いてくれない場合があるので注意が必要です（通常、安価な最寄品は卸を通しているのが一般的です）。したがって小売り（特にチェーン展開している大手）への働きかけもさることながら、チャネルに対しても適切に情報を共有し、協力してもらえるよう働きかけることが大切になります。

## 補足・注意点

この指標も、数字の高低だけではなく質を見る必要があります。店頭にわかりやすく置かれているのと、目立ちにくい場所に置かれているのとでは意味が違いますし、申し訳程度に1個だけ置かれているのも「配架されている」とは堂々といえないでしょう。メーカーが望むやり方で配架されているかを現場も見ながら確認することが必要です。

### COLUMN

配架率は高くても商品の魅力度が小さい場合、委託販売を採用しているケースなどでは、売れ残った製品が戻ってくるということになります。このとき、単に戻ってくるだけならいいのですが、なまじ店頭に並べてしまったがゆえに商品が物理的に劣化してしまうことがあります。書籍であれば、文字通り手垢がついたりカバーが破損するなどです。こうなると、また別の売り場に出すのも難しくなってしまいます。「どのくらい売れそうか」を極力正しく見積もり、実力以上の配架をしないことも時には必要です。

**関連KPI**
市場カバレッジ

WORDS

008

MARKETING

# 既存顧客維持率

**年単位で、昨年の顧客がどの程度今年も自社の製品・サービスを使ってくれたかを示す数字**

KPIの設定例

**競争状況は激化しているが、既存顧客維持率は昨年並みの75%のリピートを目指す**

**数値の取り方／計算式**

今年度リピートした顧客数÷昨年度の顧客数

**主な対象者**

事業責任者、営業責任者、開発責任者、オペレーション責任者、マーケティング担当者、営業担当者、オペレーション担当者

## 概要

企業にとって売上げを上げる手っ取り早い方法は、新しい顧客を苦労して獲得することよりも、昨年も買ってもらった顧客に今年もリピートで買ってもらうことです。一般に顧客満足度と強く連動する数字であり、この数字が高いことは顧客が満足していることを示すことが多いものです。そのため、営業やマーケティング部門のみならず、製品・サービスを提供する開発部門やオペレーション部門も気にする数字です。このＫＰＩは企業レベル、事業部レベル、営業担当者レベルなど、さまざまなレベルで設定できます。

## KPIの見方

既存顧客維持率は、商材の特性やライバルの新商品が出てくるスピードなどによって変わるため、絶対的に「この数字だったら高い」「この数字だったら低い」という相場観はあまりありません。そのため、比較対象となるのは社内（あるいは業界他社）の他事業の数字や、前年までの数字との比較です。通常は顧客満足度やＮＰＳ（１００ページ）とあわせて議論されることの多いＫＰＩです。

## KPIの使い方

このKPIは通常、前年実績をベースに、経営状況にあわせて設定するのが一般的です。例えば、市場が成熟期に入ってきた場合、新規顧客の獲得は難易度が上がります。そこで、全体の売上げ目標も考慮したうえで、昨年の法人顧客の維持率が80％だったなら、今年は3ポイント積み増して83％を目指そう、などとなります。

既存顧客維持率は先述したように顧客満足度と関係性の高いKPIですが、愚直な営業（特にBtoBの場合）や広告（特にBtoC）などの活動にももちろん左右されます。目標数値次第ですが、顧客満足度を上げるのか、営業担当者の訪問回数を増やすのか、広告を増すのかなど、どの活動に力を入れれば目標を効率的に達成できるかを総合的に考える必要があります。必然的に、顧客訪問回数や広告の到達率といったKPIともあわせて用い、何が効くかを正しく理解することが必要です。

なお、このKPIを営業担当者個人レベルで必要以上に強調してしまうと、ほんの少額でもいいので取引さえあればいいという方向に営業担当者を動機づけることがあります。1億円の売上げの翌年の100万円の取引に意味があるのかといえば疑問でしょう。それゆえ、単に維持率のみならず、既存顧客からの売上増加率などもあわせて見るとより正確に実態を把握できますし（例：既存顧客維持率は75％、既存顧客からの売上高は対前年90％など）、営業担当者を正しい方向に動機づけることができます。

## 補足・注意点

ＢｔｏＢの場合、顧客名が固有名詞レベルで捕捉できるため、このＫＰＩは比較的管理しやすくなります。一方、ＢｔｏＣの場合はアンケートに頼らざるを得ないことが多く、多少の誤差が生じることもあります。近年拡大しているネットビジネスでは、ＩＤレベルでかなり精緻なリピート状況を把握することができるので、リコメンドなどのプロモーションもより効果的に打てるのが特徴です。

**関連KPI**

顧客満足度、NPS、既存顧客からの売上高増加率

WORDS

009

MARKETING

# NPS
## （ネット・プロモーター・スコア）

**製品・サービスの顧客やユーザーの満足度、ロイヤルティを測定する指標**

KPI
の
設定例

**この製品についてはこれ以上の投資はできない状況なので、現状のNPSゼロを確実に維持しよう**

**数値の取り方／計算式**

本文を参照
なお、他社の製品との比較は、使っていない人もいるため通常難しい

**主な対象者**

事業責任者、営業責任者、商品企画責任者、オペレーション責任者、営業担当者、オペレーション担当者

## 概要

ＮＰＳはコンサルティング会社のベイン・アンド・カンパニーによって開発された指標であり、顧客のロイヤルティを如実に示す指標とされます。ＮＰＳの算定に当たっては、まず「自社（あるいは自社の特定の製品・サービス）をあなたの親友にどのくらい勧めたいと思いますか？　0点から10点までお答えください」という質問をして回答を得ます。そのうえで、その回答が9点か10点なら「プラス1」、7点か8点なら「ゼロ」、6点以下なら「マイナス1」として置き換え、点数化し、平均を求めます。ＮＰＳの最高点はプラス1、最低点はマイナス1となります。

## KPIの見方

ＮＰＳは、通常の1点から5点までの満足度調査の数字よりも、顧客のリピート意向や口コミ効果と強く相関することが知られています。これらは結局企業の業績にも相関しますので、ＮＰＳは企業業績とも正の相関があります。

前記の例からもわかるように、ＮＰＳにおいては、6点や5点といった中間的な数字では失格で、10点や9点といったポジティブな評価がないと顧客ロイヤルティはつながらないと考えます。一般にはNPSがプラスならまずまず合格とされ、0・3以上あればかなり優秀な成績とされます。事業責任者などがこの数字を用いることが多いです。もともとアメリカ生まれの指標であるため、日本企業に比べると、外資系の企業でよく用いられています。

## KPIの使い方

通常、まず目標値となるのはNPSでプラスを維持することです。社内で過去の情報があるのであれば、それも勘案して微調整することもあります。例えば非常に顧客からの評判の高い製品のNPSが現状0・4で、導入当初は0・2だったとすれば、「今回はまだコンセプトが緩いベータ版だから、まずはマイナス0・1から0程度を維持し、改良して0・2から0・3にもっていこう」といった具合です。

なお、NPSの質問に対する答えは国民性によって異なることが知られています。もともとこの指標が開発されたアメリカでは、良いと思えば普通に10点や9点といった答えが返ってきます。一方、日本人の場合、満足していても8点程度の数字を答える人が少なくありません（イタリア人などはさらにこの傾向が強く、「悪い」で5点、「良い」で7点と答える人が多いとされます）。8点という答えはNPSではゼロと換算されますから、これでは真の顧客ロイヤルティが測れません。そこで日本では、もともとのやり方を少し変え、質問に対する点数の読み替えを本来のものとは変えるなどの工夫が必要となります。グロービスでも近年出したあるプロダクトは、そうした調整を行っています。

また、「個人的には満足したが、紹介するような友人・知人がいない」ということで数字を低く答える人が時折います。それは本来知りたいＮＰＳをゆがめることになるので、そうした場合は点数をつけないように誘導するなどの工夫も必要です。

### 補足・注意点

ＮＰＳの別の注意点として、「高い点数をつけてもらうように誘導する」という操作がしばしば行われるということがあります。消費財のアンケートの場合はそうでもないのですが、ＢｔｏＢビジネスの場合、ＮＰＳは営業担当者やプロジェクト担当者ごとに測定されることが少なくありません。そうすると、例えば営業担当者が「ＮＰＳの調査が来たら、9点か10点と答えてください。そうしないと私の立場がないんです」などと顧客にお願いするのです。顧客としても、積極的に切り替えるほど不満がないのであれば、そのお願いを断固断るなどといったことをしないのです。

**関連ＫＰＩ**

顧客満足度、リピート率、紹介件数

# 客単価

**顧客が1回の購買当たりに支払う金額。年間など一定期間で考える場合もある**

KPIの設定例

**今度の新店舗は高額所得者の多い立地への出店なので、客単価も20%アップの5000円を目指す**

**数値の取り方／計算式**

データが直接取れる場合は実測データ（Eコマースなど）より平均値を計算
直接のデータが取れない場合は、売上げ÷顧客数で計算
顧客数はレジのレシート数やサンプル調査で推定する

**主な対象者**

事業責任者、プロダクト責任者、マーケティング担当者、営業担当者

## 概要

ここではまず、1回の購買当たりに支払う金額としての客単価について考えましょう。客単価はあらゆるビジネスで重要な指標ですが、供給キャパシティに限りがあり、顧客数の増加がある程度以上になってしまうと見込めなくなる立地型のビジネス（飲食店や小売りなど）で特に重視される指標です。売上げは突き詰めれば「顧客数×客単価」ですから、顧客数に天井があるならば、売上げを上げるためには客単価を上げざるを得ないのです。

この数字の高い店は、魅力的な品ぞろえがあったり、つい長居して追加購入してしまう仕組みができているといえます。

## KPIの見方

このＫＰＩは経年変化や業界他者との比較が重要になります。居酒屋の例であれば、似たようなメニューの近隣のライバル店よりも自社の客単価が劣っているのであれば、価格設定に問題があるか、あるいはそもそも商品力がないなどの理由が考えられます。

時系列で客単価が下がることも通常は好ましくない兆候です。正しく価値を訴求するなどのアクションが必要となります。

客単価はさらに、「顧客当たりのアイテム数×アイテム平均価格」に分けて見ることもできます。顧客のその日の予算が決まっているなら何をしたところで消費金額は変わらないかもしれませんが、寿司屋などで「胃袋のキャパシティ」の方が重要ならば、アイテム当たりの単価を上げることで客単価を上げることが可能になるかもしれません。

## KPIの使い方

客単価は通常、自社の商品ラインナップに大きな変化がない場合、前年までの数字をベースに設定します。基本は現状維持となります。なおこれはインフレ率の低い日本国内のケースでの話であり、インフレ率が高い海外市場ではそれも織り込んで客単価をどんどん高くしていく場合もあります。

一方で、何か大きな改善が必要な場合には、それまでより高めに設定し、そのための施策を考えることがあります。例えば日本マクドナルドは一時期食品偽装の問題で業績が低迷しました。その際同社は、「安かろう悪かろう」のイメージを払拭するために、あえて目標の客単価を高くし、高級バーガーを販売するようにしたのです。また、夜など少し多めに食べたい時間帯向けの、ボリュームのある高価なハンバーガーセットも開発しました。それらが奏功し、同社の業績はV字回復したのです。

新規出店のようなそれまでの実績がないケースでは、類似の顧客層と思われる店舗を参考にします。例えば埼玉県の大宮駅そばに出店するのであれば、東京都の赤坂の客単価ではなく、浦和駅の客単価などを参考にするといいでしょう。

### 補足・注意点

客単価は購買頻度とあわせて見ることも必要です。それが一定期間当たりの客単価です。1回当たりの客単価が増えていても、購買回数が減っていたのでは意味がないのです。これを意識したのがＲＦＭ分析です。これは既存顧客について、Recency（最近の購入日）、Frequency（来店頻度）、Monetary（1回当たりの購入金額）を見ることで、顧客の状況にあわせた打ち手を考えるものです。

**関連ＫＰＩ**

購買頻度、顧客当たりのアイテム数、アイテム平均価格

WORDS

# 011

MARKETING

# 坪当たり売上高

**1坪（3.3平米）当たりの売上高**

| KPIの設定例 | 駅ナカへの出店なので、通常の店舗の1.5倍の坪当たり売上高を目指す |
|---|---|

**数値の取り方／計算式**
売上高÷店舗（売り場）面積

**主な対象者**
事業責任者、店舗開発担当者、マーケティング担当者、スーパーバイザー

## 概要

坪当たり売上高は面積効率を重視するリアル店舗の小売業（特にコンビニエンスストア）や飲食店などで重視される指標です。これらの業界では物理的なスペース以上に顧客を押し込めたり製品を置くことはできませんから、限りのあるスペースの中でしっかり売上げを上げることが求められるのです。この数字を見る場合は、年当たりか月当たりかを間違えないように注意します。

## KPIの見方

業態にもよりますが、飲食店の場合、15万円／坪・月が概ね合格点のラインとされます。粗利率が低い小売業ではもう少し高くなりますが、特に高いのはコンビニエンスストアで、50万円／坪・月を超える店も少なくありません。かつて小売りでは百貨店が坪当たり売上高が最も高かったのですが、最近は低迷しています。なおこの数字は売り場面積当たりのものなので、バックヤードは除いた面積を元にしています。バックヤードのスペースは必ず必要なので、新規出店に当たってはそれも当然意識する必要があります。

## KPIの使い方

通常、特定の店舗の面積はそう変わることはありませんので、この指標は新規に出店をする際や、新しい業態のビジネスを展開する際に特に入念に検討、モニタリングされます。また、新規出店に当たっては、同時並行的にその店舗の目標売上げや店舗面積も検討されるのが一般的です。

コンビニエンスストアなどは各社とも店舗数が多く、豊富なデータがありますので、かなり精度の高い予測ができます。また知名度も高くビジネスの立ち上がりが速いため、目標も最初から高めに設定される傾向があります。

難しいのは新業態の店舗を出すときです。通常、こうした場合は同業他社のデータを活用します。高級スーパーを新規に出すのであれば成城石井のデータを利用するなどです。ただし、当然各社の訴求ポイントは異なりますから、その企業の戦略や強みにあわせた数字を設定することが必要になります。

実際にビジネスを始めた後は、顧客の入り具合や売上げの動向などをベースに目標値をどんどん変えていきます。例えば通路が必要以上に広いなどの状況が観察されれば、レイアウトを変えたりします。また、通常は商材ごとの売上げも捕捉できますので、坪当たり売上げの低い商品ラインの取り扱いを変える（例：雑誌コーナーをやめる）などといった施策を打つことで、さらに高い坪当たり売上高を設定するということもあります。

## 補足・注意点

一般的にはこの指標は高い方がいいのですが、高ければ高いほどいいというわけでもありません。ひょっとすると顧客は狭いスペースに不満を感じており、それが長期的に見ると顧客の不満足につながる可能性もあるからです。

また、売上げも重要ですが、利益率の低いものばかりが売れているのも問題ですので、同時に坪当たりの粗利益や、坪当たりの在庫額などもあわせて捕捉することが必要です。

**関連KPI**

店舗面積、坪当たりの粗利益、坪当たりの在庫額

WORDS

012

SALES

# 営業担当者
# 1人当たり売上高

**1人の営業担当者がどれだけの売上高を上げているかを見る生産性の指標**

KPI
の
設定例

**想定される粗利率から逆算して、今期は営業担当者1人当たりの売上高は1億円必要だ**

**数値の取り方／計算式**
売上高÷営業担当者数

**主な対象者**
経営者、事業責任者、営業責任者

## 概要

この指標の数値が高ければ、少ない営業担当者で高い売上高を上げていることを意味するので、生産性が高いといえます。具体的には、営業担当者個々の能力が高い、営業担当者のサポート体制が整備されている、あるいは、需要を的確に予測してそれにあわせて営業担当者の配置を行っている、といった場合などにこの数値は高くなります。

## KPIの見方

商材や業態にもよりますが、通常、粗利率の低い流通業（特に卸売業）ではこの数字は高くなり、粗利率の高いサービス業などではこの数字は低くなります。製造業はその中間になります。それゆえ、この数字は営業担当者1人当たりの粗利額とあわせて見ることの多い数字でもあります。また、全従業員に占める営業担当者の比率が低い場合（営業担当者以外の従業員数が多い場合）、営業担当者はその他の従業員の人件費なども稼ぐ必要がありますので、この数字を高く維持する必要性が増します。

## KPIの使い方

この数字は、売上げ目標や営業担当者数、会社の1人当たり人件費などとあわせて検討されることの多い数字です。例えば平均粗利率が10%、営業担当者の人数が全従業員の4分の1、労働分配率（付加価値≒粗利に占める人件費の比率）を50%とすると、仮に営業担当者1人の売上高が5億円の場合、従業員1人当たりの人件費は、5億円×10%÷4×50%＝625万円となります。この会社の人件費（社会保障費や福利厚生費なども含むので、実際の給与はもうちょっと少なくなります）が1人当たり625万円で適切と考えるのであれば、この目標数値は概ね適正であるといえます。

もしこの数字では人材採用の競争上足りない、あるいは先行投資のための資金を賄えないと考えるのであれば、このKPIの目標値を上げ、1人当たりの粗利額を上げることが必要となります。

このKPIは時々、ライバル企業などのそれも意識することがあります。ほぼ同じ商材を扱っているライバルよりも明らかにこの数字が低い場合は当然見直しがされます。ただし、ライバル企業の正確な数字を取るのは普通は難しいので、参考情報程度にとどめている企業も少なくありません。

営業担当者1人当たりの売上高は、会社や部署としては平均値として設定されますが、ほとんどの企業では一人ひとり数字が割り当てられ、そのレベルでPDCAサイクルが回されます。成績の振るわない営業担当者はしっかり上司が指導することが必要ですし、逆に成績の良い営業担当者がいれば、そのやり方を模範とし、組織内に横展開していくことが求められます。

## 補足・注意点

この指標は時系列で比較したり部署間で比較したりすることもあります。当然、同じ基準での比較が望ましいのですが、往々にして、「誰までを営業担当者とみなすか」という問題が生じることがあります。例えば営業に同行するテクニカルエンジニアが仮に50%の時間をそれに使っているならば、個人の目標数字は持たないまでも、部署としては半分、営業担当者数に含める方が適切かもしれないのです。

**関連KPI**

営業担当者1人当たり粗利額、従業員1人当たり人件費

WORDS

013

SALES

# 新規顧客数

その期に新たに獲得した顧客の数

| KPIの設定例 | 今後5年の成長見込みを考えると、既存顧客維持率を80%とした場合、今年は50件の新規顧客数が必要だ。これを7人の営業担当者に割り振ろう |
|---|---|

**数値の取り方／計算式**

本文を参照

**主な対象者**

事業責任者、営業責任者、営業担当者、マーケティング担当者

## 概要

どのようなビジネスであれ、既存顧客との付き合いだけで成長できる企業はありません。常に次の成長の原動力となる新規顧客の開拓は必要です。それゆえ多くの企業では、売上げや総顧客数のみを見るのではなく、この指標も同時にウォッチするのです。それゆえこの数字はその企業の成長見込みを表す数字ともいえます。

## KPIの見方

この数字は特にＢｔｏＢビジネスやネットビジネスといった、固有名詞（あるいは固有ＩＤ）での追跡が容易なビジネスで意識され、かつ重視される数値です。この数字が既存顧客数に比べても十分に多いことは、将来的に売上げが上がる可能性が高いことを示します。通常は1年単位で見ることの多い数字ですが（特に大型取引の多いＢｔｏＢビジネス）、ネットビジネスではより短い時間軸で見てＰＤＣＡを回すことも多いです。

なお、この数字をカウントする際には、何をもって新規顧客とみなすのかの線引きを決めておくことが必要です。例えばすでに親会社と付き合いがある状態で、最近分社化した子会社と取引を始めたときにそれを新規顧客とみなすか、既存顧客深耕の一環とみなすかということです。あるいは大学を顧客とする理化学機器メーカーならば、大学単位ではなく、購買の意思決定を行う研究室単位で新規か否かを判断する方が適切かもしれません。

## KPIの使い方

この数字は特に事業リーダーや営業のマネジャーが意識する数字です。また、実務的には営業担当者個々人にも割り当てられることが多いです。先述したように、どれだけ売上げ全体が好調でも、新規顧客の開拓ができていなければ中期的な売上げ停滞を招きますから、営業がしっかりしている企業では必ず営業担当者に売上げ目標だけではなく、新規顧客開拓数もＫＰＩとして設定しています。新規顧客開拓は通常、既存顧客深耕よりも難しいですから、この目標を設定することは営業担当者のスキル向上にもつながります。それゆえ、一律のルールで新規顧客数を割り振るのではなく、営業経験やスキルの差などを勘案することも多いです。

新規顧客の目標設定に当たっては、事業のライフサイクルや既存顧客の平均取引期間なども勘案されます。新規事業の場合、当然、新規顧客数の目標は高くなります。取引が何十年にもわたって続くようなビジネスであれば、既存顧客数に対してそれほど新規顧客数も多くなくてもいいですが、顧客が一定期間で「卒業」してしまうようなビジネス（例：スタートアップ企業に特化した人材紹介ビジネス）では、常に高いレベルの新規顧客獲得が欠かせません。

なお、特にＢｔｏＢビジネスでは新規顧客との取引が急に生じることは少ないので、後述する問合せ数やＭＱＬ（Marketing Qualified Lead）数、ＳＱＬ（Sales Qualified Lead）数、ＲＦＰ（Request for Proposal）数なども踏まえたうえでこの目標を設定することも大切です。

## 補足・注意点

新規顧客の口座を「こじ開ける」ことは商売の第一歩ではありますが、単に安価な製品・サービスを売ってそれ以上の深耕が図れないようでは、せっかくの新規顧客も有効活用できていないといえます。多くの企業では「ドアノッカー」と呼ばれる、比較的導入しやすい安価な製品・サービスを持っているものですが、そればかりを売って強引に目標を達成しようとする営業担当者には適切な指導を行うことが必要です。

**関連ＫＰＩ**

ＭＱＬ数、ＳＱＬ数、ＲＦＰ数

WORDS

014

SALES

# 問合せ数

**自社の製品・サービスに関して見込みユーザーから電話やメールなどで問合せのあった数**

| KPIの設定例 | 今年は売上げ目標10%アップだから、問合せ数は10%アップから12%アップ程度をめどにしよう |
|---|---|

**数値の取り方／計算式**
本文を参照

**主な対象者**
事業責任者、マーケティング担当者

## 概要

この数字は比較的高額なＢｔｏＣビジネスにも援用できますが、特にＢｔｏＢビジネスにおいて重視されます。ＢｔｏＢビジネスでは、もちろんコールドコール（これまで接点のなかった新規の見込み顧客に電話やメール、飛び込みで営業をすること）や紹介による「こちらからダイレクトに働きかける初期接触」もありますが、業界誌への広告やダイレクトメール、セミナーなどに反応した見込み顧客からの問合せが初期接触というケースも多いです。この数字が多いことは、仮に初回購入までの遷移確率が同じとすれば、当然、新規顧客の増加にそのままつながることになります。

## KPIの見方

数字そのものの意味は非常に単純ですが、何をもって問合せ数と数えるかについては、企業によって多少ばらつきがあります。電話やメールの件数そのものをカウントすることもあれば、資料送付、説明会やセミナーへの参加などに結び付いた問合せのみをカウントするケースもあります。時系列で比較することも多い数字なので、その時々の定義はしっかり押さえておくことが必要です。

## ＫＰＩの使い方

この指標を気にするのは主にマーケティング担当者です。日本では事業部内でマーケティングと営業を切り離している企業が多いですが、問合せ数やＭＱＬ数（１２５ページ参照）はマーケティングの管轄、そこから先のプロセスになるＳＱＬ数（１２４ページ参照）やＲＦＰ数は営業の管轄とすることが多いようです

この指標の目標設定は、一般的には「問合せ→ＭＱＬ→ＳＱＬ→ＲＦＰ→成約（受注）」といったファネルを想定し、成約件数やＲＦＰ数から過去の実績などを逆算し、設定することが多いです。通常、売上げに結び付く成約数は対前年増で設定されることが多いので、この数字もそれにスライドさせて設定することが多いです。右記ファネルの次プロセスへの遷移率（コンバージョン率）が上がれば問合せ数は同じでもいいという考え方もありますが、この数字（特にメールや電話での問合せ数）は多すぎて困るということは一般にはないので、あえて減らすということはあまりしません。競争状況が激しくなったり、ライフサイクルが進むと、成約に至る比率を低く見て、むしろこちらの数字を高めに設定することもあります。

## 補足・注意点

問合せ件数はチャネル別に分類することも多い指標です。例えば電話での問合せの方がメールのそれよりも成約に至る可能性が高いことが最初からわかっているのであれば、そうした分類は大いに意味があるといえるでしょう。また、何を見て問合せしてきたのかという情報を確認することもマーケティングの効率を上げるうえで重要です。

### COLUMN

製品やサービスのタイプ、あるいは顧客のタイプにもよりますが、せっかく広告を打ったりホームページに誘導しても、「どう問合せしていいのかがわかりにくい」というケースがしばしばあります。よくあるのは、電話で問合せしたいのに、電話番号がなくメールでしか問合せできないというケースです。それで問合せをやめてしまうというケースもあります。自社として業務効率を上げたいのはやまやまではありますが、顧客の立場に立って、問合せしやすい状態を作ることも大切です。

**関連KPI**

訪問数、MQL数、**SQL数**、**RFP数**、**新規顧客数**

WORDS

015

SALES

# SQL数

**SQLはSales Qualified Leadのこと。営業担当者が本格的に営業プロセスに回す見込み顧客（引き合い）のことを指す**

| KPIの設定例 | **目標売上げから逆算すると、新規顧客のSQLが毎月1件は欲しいところだ** |
| --- | --- |

**数値の取り方／計算式**
本文を参照

**主な対象者**
事業責任者、マーケティング担当者、営業担当者

## 概要

一般的には、この数字が多いほど新しい顧客を獲得できる機会が多いことを示します。なお、ＳＱＬはその直前のプロセスであるＭＱＬ（Marketing Qualified Lead）とセットで考えるのが一般的です。ＭＱＬは資料送付（近年ではホームページからの資料ダウンロードなども多い）、あるいは説明会への参加などを通じてマーケティング担当がデータベース上に登録し（その際に名寄せも行います）、さらにメールや電話などを通じてナーチャリング（見込み客を顧客に近づけていくこと）して、営業に「受け渡し可能」にした状態を指します。ＳＱＬはさらにそこから絞り込まれた確度の高い見込み顧客を指します。企業によってはＭＱＬとＳＱＬをそれほど明示的に分けず、単にリード（見込み顧客）として扱い、確度などによって区分することもあります。ＣＨＡＰＴＥＲ２のＣＡＳＥ１の図５も、リード数を用いた例です。

なお、近年はＳＦＡ（セールスフォースオートメーション）に代表されるさまざまな営業支援企業がありますが、企業によってＭＱＬやＳＱＬの定義は多少異なりますので、彼らと会話する際には注意が必要です。

## ＫＰＩの見方

この数字も一般的には多い方が望ましいといえます。ただし、どのくらいの確度以上の見込み顧客をＳＱＬとみなすかは企業によって多少異なります。仮に1％でも可能性があればＳＱＬとみなすということにすればこの数字は増えますが、営業の効率が落ちるため、営業担当者の時間という貴重な経営資源を無駄遣いしてしまうことになりかねません。一方で、50％の確度がないと本格営業しないというのでは売上げは伸びないでしょう（よほど引き合いが多く、供給能力の方が追い付かないというケースは別ですが）。営業部隊としては、過去の経験値などをフル活用して費用対効果の高いＳＱＬの絞り込み、あるいはランク付けをして資源配分を考えることになります。

なお、ＳＱＬという用語は、新規顧客のみに用いる場合もあれば、新規の「案件」（例：既存顧客の別事業部からの別テーマに関する相談など）すべてに用いるケースもあるので、経年変化を見る際にはそれも正しく確認しておく必要があります。

## ＫＰＩの使い方

この数字は特にマーケティング担当者や営業リーダーが意識する数字です。多くの企業ではマーケティング（企業によってはセールスディベロップメントなどの名称のこともあります）から受けたＭＱＬというパスを訪問などによってＳＱＬに遷移させたうえで（分担は企業によって異なります）、本格的に営業担当者に分配します。

この数字も目標設定の際は、目標とする売上げや成約件数などから逆算して設定するケースが多いです。また、確度ごとにＳＱＬを色分けしておくと、より効果的な営業プロセスのマネジメントが可能になります。

### 補足・注意点

ＭＱＬやＳＱＬはマーケティングと営業の連携（コミュニケーションや意識合わせなど）が非常に大事になるＫＰＩです。マーケティングがＭＱＬだと思って渡した案件がＳＱＬになる可能性がゼロでは困りますし、逆に明らかにＳＱＬになりうる案件をマーケティングがふるい落とすようでも困ります。例えば大企業の子会社で本来横展開などのポテンシャルがあるのに、「無名で従業員数20人程度だから先のプロセスに進めるのは止めよう」などと判断しては困るわけです。

**関連ＫＰＩ**
**問合せ数**、ＭＱＬ数、リード数、**ＲＦＰ数**、**新規顧客数**

WORDS

016

SALES

# RFP数

**RFPはRequest for Proposalのこと。日本語では提案依頼書と訳される。見込み顧客が本格的に購買するか否かを決定する前の段階となることも多い**

KPIの設定例

**昨年の勝率（受注率）は40%程度だった。大きく状況は変わっていないことを勘案すると、目標受注額を達成するためには部署として年間100件のRFPは必要だろう**

**数値の取り方／計算式**

本文を参照

**主な対象者**

事業責任者、営業責任者、営業担当者、オペレーション担当者、製造担当者

## 概要

ＢtoＢビジネスでも必ずしも企画書を提出しなくてもいいビジネスはあります。一方で、ＲＦＰはＩＴ業界やコンサルティング業界では非常に重要な意味を持ちます。企画書の提案を要望されたということは、少なくとも自社の製品・サービスに一定以上の関心があり、その出来不出来によってコンペに臨んだり、社内稟議に回されることも多いからです。グロービスの企業研修事業でもＲＦＰは重要なＫＰＩとなっています。

ＲＦＰは新規顧客についても既存顧客についても用いる指標です。

## KPIの見方

一般にはこの数が多いほど、最終的な受注に至る件数も増すことが多いです。ただし、企業によっては実質的に発注先が決まっているにもかかわらず、体裁的に相見積もりをとる必要がある、あるいはコンペの形にしないとまずいなどの理由から、発注意図がないにもかかわらずＲＦＰを出すこともあります。いわゆる「当て馬」です。売り手がそれを見抜くのは必ずしも容易ではないですが、この段階でもやはり単にＲＦＰの数だけを見るのではなく、「確度」を意識し、トータルとして受注予測をする必要があります。

## KPIの使い方

ＲＦＰの数は営業担当者はもちろん、供給側（製造業であれば工場、コンサルティングファームであればコンサルタント）が気にする数字でもあります。なぜなら、営業活動がこの段階まで来るとデリバリー（納品、実施）が近くなりますから、供給側としてもキャパシティ以上の受注につながるＲＦＰをとられても困るのです。それゆえ、年間を通してのＲＦＰは通常は多い方が望ましいのですが、短期間については過度なＲＦＰ数の増加は困るという事態が生じるのです。

そこで通常は営業サイドと供給サイドが短期間における供給力も勘案し、案件数を調整したりします。例えば顧客としては8月にはサービスのデリバリーを開始してほしい場合でも、彼らにお願いして9月あるいは10月からのデリバリーに変えてもらうなどです。社内の意思疎通のみならず、顧客との巧みなリレーション構築などが必要とされる場面です。

なお、営業担当者個人別のＲＦＰ数には別の意味合いもあります。それは提案能力の強化です。提案書には、「なぜあなたの会社は弊社を選ぶべきなのか」ということを過不足なくロジカルに書くことが望まれます。これは顧客の視点に立つという営業の基本や、ビジネスに不可欠な論理的思考力を鍛えることにもなるのです。また、顧客とのトラブル回避にも役に立ちます。

## 補足・注意点

好ましくない状況として、供給サイドが対応できないような提案書を営業担当者が書いてしまうということがあります。これは、受注につながった場合、社内を混乱させますし、顧客の不興も買います。営業担当者は必要以上に「目の前のお客さんは絶対にとりたい」という恐怖心にかられることが多いのですが、そうした暴走が起こらないようにするのも営業マネジャーの務めです。

**関連KPI**

問合せ数、MQL数、リード数、**RFP数、新規顧客数**

WORDS

017

# 成約率

**営業案件が受注に結び付いた比率。営業案件としてどの段階のものを用いるかは企業によって異なる**

KPIの設定例

**今期は顧客当たりの目標売上げも上げたし、新しいテーマも多い。昨年は成約率45%だったが、40%をクリアすれば上出来といえるだろう**

**数値の取り方／計算式**
本文を参照

**主な対象者**
営業責任者、営業担当者

## 概要

成約率は何を分母とするかで変わってきます。ＳＱＬに対する比率なのか、ＲＦＰに対する比率なのか等は明確にしておくことが必要です。この数字はコンペになった際の勝率などとあわせて利用される数字でもあります。この数字が高いことは、自社の製品・サービスに競争力があることや、営業担当者のコンサルティングセールス能力の高さを示唆します。

## ＫＰＩの見方

先述したようにこの数字は通常は高い方がいいのですが、それだけで営業担当者を評価することはできません。例えば、あえて難しい案件（テーマ自体が難しい新規顧客からの引き合いなど）に挑戦している営業担当者はこの数字が下がってしまう一方、自社が比較的強い製品・サービスばかりを売っていれば、営業能力は高くなくてもそこそこの数字は上がったりするからです。

また、コンペの勝率なども、金額が大きくライバル各社が力を入れる案件は当然低くなりますが、格下のライバルしかコンペに参加しないような案件ばかりを扱っていればこれも高くなってしまいます。それゆえ、どれだけ難しい案件なのかという側面もあわせて見ていく必要があるといえます。

## KPIの使い方

この数字を気にするのはやはり営業部門です。通常、営業担当者一人ひとりの単位でも測定できますので、評価や指導の参考にします。

ただし、この指標だけを追うのではなく、先に示したように、質の面や金額面にも意識を向ける必要があります。小さい金額の案件の成約率は高いものの、高額の案件ではこの数字が圧倒的に低いというのでは収益性は高まりません。また、値下げや無理な納期など、顧客の無茶な要求を聞いてこの数字を上げることも評価されるものではありません。経年変化や個人別の比較を行うことも大事ではありますが、個別の案件の事情もしっかり斟酌《しんしゃく》する必要があります。

こうした事情から、成約率はいたずらに高い数字を設定するのではなく、その期のチャレンジ度合いなども勘案し、ある一定幅に設定することが多くなります。

## 補足・注意点

この数値は新規顧客、既存顧客の両方で測定しておきたい数字でもあります。既存顧客関係の案件で成約率が下がってきていることは、顧客の自社に対する満足度が下がってきていたり、顧客のニーズを押さえきれていない兆候であることも多いためです。

COLUMN

高い成約率の別の落とし穴に「強引な営業」があることもあります。例えば消費財の場合、判断力の鈍ったお年寄りや、気の弱そうな人に半ば強引に販売してしまうのです。これは確かに短期的には売上げにつながりますが、長い目で見たときに企業のブランドを毀損《きそん》しますし、営業担当者のメンタルにも悪影響を与えます。自分は買いたくない、あるいは家族や友だちには売りたくないという商品を営業担当者に無理やり売らせるというやり方は、経営者としては本来避けるべきといえるでしょう。

**関連KPI**

**RFP数**、コンペ勝率

WORDS

018

# 受注期間

**営業案件が受注に結び付くまでに要した期間。どの段階からの期間とするかは企業によって異なる**

KPIの設定例

**今年は景気が悪そうだから、顧客の意思決定も延びるだろう。昨対比で受注期間がプラス1カ月程度に収まるとよいのだが**

**数値の取り方／計算式**
本文を参照

**主な対象者**
営業責任者、営業担当者

## 概要

営業に要する期間は一般には短い方がいいといえます。この数字はどこをスタート地点とするかで当然大きく変わってきます。多いのは、問合せ時点やＭＱＬ、ＳＱＬとなった時点から見るというものです。

この指標は新規案件でも既存顧客の案件でも用いることができますが、通常は既存顧客の案件の方が短くなります。

## ＫＰＩの見方

この数字は業界や金額による差異が大きい数字の１つといえるでしょう。一般に億円単位の商売ではこの数字は長くなりますし、数十万円単位のビジネスでは比較的短くなります。また、自社の営業担当者がどれだけ頑張っても、顧客が優柔不断でなかなか意思決定しないこともあります。そうした顧客は急かしたから意思決定が早くなるというものでもないので、顧客企業の特性にも左右されることが多いといえます。同じ金額の案件でも、一般的には大企業の顧客は長く、中小企業（特にオーナー企業）の顧客では短くなる傾向があります。

## ＫＰＩの使い方

営業担当者が最終的に評価をされる際に特に重視されるのはやはり受注額や売上高、粗利等なので、営業期間が短いから偉いとはならないことも多いでしょう。ただし、効率的な営業をした結果、この指標が短くなり、それゆえに受注金額なども増えるのであればそれは評価されるべきといえます。

部署全体で見た場合、営業期間があまりに長いようだと確度も下がって受注予測も立てにくくなったりしますから、やはり好ましいことではありません。

なお、景気後退局面など、外部要因でこの数値が長期化することもあります。最重要なＫＰＩというわけではないかもしれませんが、１つのめどとして測定し、時系列等で比較するのがよいでしょう。

この指標が短く生産性も非常に高いことで有名なのが、今や時価総額ランキングベスト10に入ってきたキーエンスです。その理由としては、①ＤＭＵ（Decision Making Unit：意思決定者）である工場長などにダイレクトにアクセスしている、②現場に入り込んで的確な提案をしている、③技術部門との連携がスムーズにとれている、などがあります。全社としてこのような仕組みが出来上がっている企業はやはり強いのです。逆に、顧客の意思決定プロセス（稟議の通し方や誰がＤＭＵなのか等）を知らない、顧客の予算設定や消化の傾向（例：民間企業ではあるが年度末には使い切る傾向がある等）を知らない、といったことが積み重なると、この指標は会社全体としても長くなります。

## 補足・注意点

この数値はまずは平均値を見ますが、そのバラつきにも意識を向けましょう。例えば2年かかった案件も、通常ならば諦めてしまうところを粘って受注したのかもしれません。であれば、平均受注期間が長くなったとしても悪いことではない可能性もあります。

**関連KPI**

受注額、**成約率**、**顧客内シェア**

WORDS

019

SALES

# 営業担当者のコンピテンシー

営業担当者がその企業の営業活動において、好ましい行動をとる行動特性の度合い

KPIの設定例

Aさんのコンピテンシーで説得力の項目だけが昨年未達だった。あと2ポイントで目標のレンジには達するから、これをAさんの今年の育成目標としよう

**数値の取り方／計算式**
本文を参照

**主な対象者**
営業責任者、営業担当者、人事担当者

## 概要

コンピテンシーとは、高いレベルの業務成果を生み出す、特徴的な行動特性を指します。営業担当者であれば、例えば市場把握力、戦略的思考、説得力、コミュニケーション力、積極的なクロージング［＊7］などの項目について、営業担当者が部署あるいは個人としてどの程度それを満たしているかを数値で表します。この数字の高さは、理想の営業行動がとれている度合いを示すといえます。

## KPIの見方

コンピテンシーとは成果につながる行動特性であり、単なる知識、思考力、資格や偏差値とは異なります。もともと人材コンサルティングのヘイグループが「コンピテンシー・フレームワーク」を提唱したことからスタートしました。

通常、コンピテンシーの設定は、高い成果を安定的・継続的に上げている社員の特徴的な行動特性（どのような環境で、何を、どのようにやったか）を具体的に取り上げて分析し、それを積み上げていく中で行われます。そうして設定されたコンピテンシーは、その組織あるいは職種にとっての評価システムにおける基準となるのです。通常、各項目について０～１００点のスケールで設定します。
なお、コンピテンシーの項目は商材や企業によって異なってきます。

## KPIの使い方

コンピテンシーは長年の研究により、適切に用いれば大きな成果を生み出すとされています。ただし、アメリカ生まれの概念かつ、コンサルタント抜きに自社のみで設定するのは簡単ではないため、日本企業でそれを本格的に用いている企業は多くありません。とはいえ、理論的に純粋なコンピテンシーとはいえないまでも、それに近い評価項目を過去の経験やノウハウから見出し、評価や育成に活かしている企業もあります。

この数値は通常、項目ごとに「望ましい範囲」を設定します。項目全体がバランスよく設定範囲の中で高く収まっていることが理想です。例えば「戦略的思考」や「コミュニケーション力」が目標範囲に満たないのに、「大胆なクロージング」だけが突出して高くても好ましくはありません。その逆もしかりで、「戦略的思考」や「コミュニケーション力」がどれだけ高くても「大胆なクロージング」ができなければこれも営業成績に結び付かないでしょう。

各指標の目標範囲を部署として徐々に上げていくということもあります。例えば「コミュニケーション力」の項目を、5カ年計画で「60～75点」から、「70～85点」に上げていくなどです。

当然、相応のトレーニングや採用方針の変更などが必要となります。

## 補足・注意点

営業担当者個々人のコンピテンシーを上げていく取り組みは重要ですが、中にはどうしても営業に向いていないというケースもあります。そうした場合は育成コストが無駄になる可能性もありますので、配置転換などが有効というケースもあります。上げようとすることが常に正しいわけでもないのです。

**関連KPI**

営業担当者1人当たり売上高(受注額)、成約率、受注期間

WORDS

020

SALES

# 価格維持率

## （値引き率）

**定価に対して実際の売価がいくらだったかを表す数字**

KPIの設定例

**新製品については95%、他の製品については90%の価格維持率を目指す**

**数値の取り方／計算式**

売上高÷売った商品の定価合計

**主な対象者**

事業責任者、営業責任者、プロダクト責任者、営業担当者、マーケティング担当者

## 概要

営業担当者にとって最も安易な販売方法は値引きです。特に売上げが芳しくない営業担当者は安易に値引きをする傾向がありますが、それはある意味麻薬のようなもので、確かに目の前の売上げはとれますが、値下げがどんどん他にも波及してしまい、全体としての収益率を下げたりブランドイメージを毀損してしまうことにもつながりかねません。そこで多くの企業では、事業部別、商品別、営業担当者別などで価格維持率をＫＰＩとして測定し、安易な安売りが行われていないかをモニタリングするのです。この指標は製品の競争力や営業の規律を反映する数字といえます。

## KPIの見方

最も高い数字は１００％となります。どのくらいの数字が妥当かという絶対的な数値はありませんが、業界他社と比較して明らかに低いようであれば問題がありますし、逆に高く維持できているようであれば、製品力やコンサルティング営業力があることの証となります。

より重要なのは同じ部署内での営業担当者間の比較です。例えばAさんがほぼ定価販売しているのに、Bさんの価格維持率が80％（20％の値下げ率）だとすると、部署としての営業の方針が定まっていないことを示します。営業担当者ごとのバラつきが少なく、売り方の方針が一貫しているのが一般には好ましい状態です。筆者の経験でも、高い利益率を維持できている企業はこの部分がしっかりしています。

## ＫＰＩの使い方

　このＫＰＩを部署としてどう設定するかは営業戦略次第です。数量で稼ぐよりもあくまで定価販売にこだわり差別化イメージを守ろうとするなら、１００％に近い数字を設定することもあります（ちなみにグロービスの法人営業は正規のボリュームディスカウントなどを別にすれば基本的に定価販売の方針をとっています）。一方、ある程度の裁量を営業担当者に移譲しているケースでは、年間を通じて90%といった数字が設定されることもあります。

　このＫＰＩは、年度が終わってからＰＤＣＡのＣＡを行うのでは遅すぎます。商材や営業方法のタイプにもよりますが、月次や四半期ベースで営業担当者ごとのバラつきが少ないことを確認する必要があります。突出して値下げを行っている営業担当者がいる場合には、価格維持こそが利益率向上につながることを説明したり、値下げをしたい場合には上長の了解を事前に求めるなどの施策を打つなどが必要になります。

　なお、価格維持率の多少低い営業担当者の方がむしろ利益が大きい場合（例：部署としては価格維持率を90％に設定したが、87％と86％の営業担当者が一番利益を稼いでいる）などは、もともとのＫＰＩの目標値を変えることも検討する必要があります。

### 補足・注意点

このＫＰＩはＢｔｏＣの商材の店頭価格に援用することもできます。チャネルに対する価格拘束はできませんが、想定している希望小売価格を大きく割っているようなら、その製品に競争力がないことを示すことが多く、何かしらのテコ入れが必要という判断材料にもなります。商品力があるにもかかわらず店頭価格を低くされている場合には、チャネルに対して自社のマーケティング戦略を正しく説明する必要があります。

**関連ＫＰＩ**

**売上高**、粗利益、営業利益

WORDS

021

WEB MARKETING

# CPA
## （Cost per Acquisition）

**1人の顧客を獲得するのに要した費用。特にウェブマーケティングにおいて多用される概念**

| KPIの設定例 | 前四半期のCPAは1500円だった。まだまだ工夫の余地はありそうだから、今四半期中に1000円にまでは下げたい |
| --- | --- |

**数値の取り方／計算式**
本文を参照

**主な対象者**
事業責任者、プロダクト責任者、マーケティング担当者

## 概要

ＣＰＡは通常、サービスの単価やＡＲＰＵ（Average Revenue Per User：ユーザー当たり収益）、ＡＲＰＰＵ（Average Revenue Per Paid User：課金ユーザー当たり収益）、次項で解説するＬＴＶ（顧客生涯価値）との比較でその高低を判断します。ＬＴＶに比べてＣＰＡが低い場合、非常に効率的に顧客を獲得できているといえます。

## ＫＰＩの見方

ＣＰＡはウェブマーケティング以外にも活用できますが、ここでは主にウェブマーケティングを前提に議論します。

例えばあるアプリのダウンロードを考えてみましょう。フェイスブックに１０００万円、インスタグラムに５００万円の広告を投下して、それぞれアプリをダウンロードしたユーザーが４０００人と２５００人だった場合、フェイスブックの広告のＣＰＡは１０００万円÷４０００人＝２５００円、インスタグラムの広告のＣＰＡは５００万円÷２５００人＝２０００円となり、わずかにインスタグラムの方が効果的ということがわかります。この２つの媒体にしか広告を行わなかったとしたら、トータルのＣＰＡはおよそ２３００円になります。単位は厳密には

「金額／人」ですが、金額のみで示すのが一般的です。

なお、この事例からもわかるように、通常ＣＰＡはダイレクトに投下した直接費で見ます。実際にはそれ以外にも広告担当者の人件費といった間接費（共有している費用）が生じているはずなのですが、通常それはＣＰＡには含めません。また、オーガニックな検索からの顧客は分母に含める場合と含めない場合があるので、議論をする際には注意が必要です。

なお、事業や企業全体としての顧客獲得コストはＣＡＣ（Customer Acquisition Cost）と呼ばれ、そこにはさまざまな販売管理費が盛り込まれます。より正確な採算性分析を行うためにはＡＢＣ（活動基準原価計算）【＊8】などを用いてＣＡＣやＣＰＡの妥当性を検証する必要性があります。

## ＫＰＩの使い方

ＣＰＡはマーケティング担当者が意識する数字です。人事考課面で用いられることもありますが、より効果の高いマーケティング手法を探るための意思決定に用いられます。また、経年比較などをしてＣＰＡが上がっていないかといったこともチェックします。

例えば４つの媒体に広告を打ったとします。仮にその時点でのＬＴＶが10万円と見積もられている中で、媒体ＡのＣＰＡが５万円、媒体Ｂが２万円、媒体Ｃが15万円、媒体Ｄが３万円だとしたら、明らかに媒体Ｃに広告を出すのは得策ではありません。もちろん、媒体ごとにクリエイティブ（広告表現）が異なる可能性もあるのでその精査は必要ですが、そこに大きな差がないのにこの結果だとしたら、媒体Ｃの予算を削って媒体Ｂや媒体Ｄに振り向けることが有効ということがすぐにわかります。ＣＰＡはライフサイクルやその時々の経営環境に応じても変わってきますので、通常は短い時間軸できめ細かくＰＤＣＡを回し、それを低減することを目指します。トータルとしての目標設定は、社内の類似事例や目標とする利益（初期フェーズではマイナスとすることも多い）などを勘案して設定するのが一般的です。

## 補足・注意点

ＣＰＡはもちろん低い方がいいのですが、ＬＴＶを増大させる（例：内容を充実させることで離脱率を減らす）ことでＣＰＡの許容度を増やすことができるという点も忘れてはいけません。

**関連KPI**

LTV、ARPU、ARPPU、媒体当たり広告費、CAC

WORDS

022

# LTV
## （Life-Time Value：顧客生涯価値）

**1人の顧客が、初めてその企業の製品・サービスを購入してから止めるまでにどのくらいのキャッシュをもたらすかという数字**

| | |
|---|---|
| KPI<br>の<br>設定例 | **うちの英会話教室のLTVは20万円程度だ。広告費を考えると、何らかの工夫で25万円程度には上げたい** |

**数値の取り方／計算式**
本文を参照

**主な対象者**
事業責任者、プロダクト責任者、マーケティング担当者、オペレーション担当者

## 概要

ＬＴＶはウェブマーケティングのみならず、一般のマーケティングにおいても非常に重視される数字です。競合に比べてＬＴＶの高い企業やビジネスは、それだけ顧客の支持を得ている企業、ビジネスといえます。

この数字は前項で説明したＣＰＡのめどを立てる数字ともなります。

## ＫＰＩの見方

ＬＴＶの額そのものは商材やビジネスモデルによって大きく異なりますので、数字そのものの大小以上に時系列比較や競合比較が重要となります（競合の情報を得るのは難しいですが、ラフな推定はできます）。ＬＴＶが重視されるようになった背景には、競争激化の中、新規顧客の獲得が難しくなる中で、既存顧客を大事にしてそこからキャッシュを得る方がより有効だという考え方があったとされます。

ＬＴＶはまた、３つの要素に分解して見ることも基本とされます。それは、

ＬＴＶ＝１回当たり購買額×年間購買回数×継続年数

というものです。よりシンプルに２つの要素に分解して、

ＬＴＶ＝年間購買額×継続年数

で考えることもあります。

近年流行っているサブスクリプションという定額料金の課金モデルでは、年間の購入額は決まっていますから（ただし、ラインナップがいくつかある場合は加重平均を取りますので、高額のプランのユーザー比率が高まれば年間の購入額すなわちＡＲＰＵも上がります）、継続年数を高めることに注力します。そしてそのために、次項で述べる継続率を高めようとするのです。

## ＫＰＩの使い方

ＬＴＶも人事考課に用いるＫＰＩというよりは、より良い方策を検討するためのＫＰＩといえます。特にこれを重視するのはマーケターですが、顧客維持には製品・サービスの提供者全体が関わるため、バリューチェーンをまたいで皆が意識すべき指標でもあります。

アメリカのＳａａＳ（Software as a Service）やサブスクリプション型のサービスを扱うベンチャーなどでは、ＬＴＶ／ＣＡＣの比率が3を超えれば概ねそのビジネスは順調とされます。

この数値の目標設定に当たっては過去の実績などを参考にしますが、難しいのは、ビジネスによってはＬＴＶがその性質上、「終わり」を設定しづらいことがある点です。例えば学習塾というサービスは、通常、十年にわたって利用するものではありませんので、ＬＴＶも比較的めどが立てやすくなります。一方、小売店などは明確な「終わり」がないため、ＬＴＶを設定するためには、組織内で何かしらの「決め」を作り、運用するしかないのです。ベンチャー企業の目新しい新事業なども、そもそも参考にすべき前例がなく、かつサービスを止める顧客がどのくらい出るかもわかりにくいため、数字の設定が難しくなることもあります。

## 補足・注意点

ＬＴＶは高いに越したことはありませんが、顧客数が少ない場合などは、顧客維持のための投資（固定費的要素を持つ）の分散ができず、顧客獲得コストも含めるとマイナスになってしまうケースもあります。常に費用とのバランス感が必要です。

**関連ＫＰＩ**

**ＣＰＡ**、ＣＡＣ、**継続率**、平均継続年数、ＬＴＶ／ＣＡＣ比率

WORDS

023

WEB MARKETING

# 継続率

**その製品・サービスを使い続ける顧客の比率**

KPIの設定例

**現時点で1カ月コースの継続率は90%だ。悪くはないが、95%にできるよう改善を続けていこう**

**数値の取り方／計算式**

前月から持ち越した今月の既存ユーザー数÷前月のユーザー数

月次ではなく年次で継続率を測定するケースもある

**主な対象者**

事業責任者、プロダクト責任者、マーケティング担当者、オペレーション担当者

## 概要

継続率が高い（離脱率、解約率が低い）ということは、一般にはその製品・サービスに対する満足度やロイヤルティが高いことを示しており、企業にとっては好ましい状態といえます。ただし、私立大学のように「いつまでも顧客が残らない」タイプのビジネスもありますし、満足度が低くても他に代替手段がないから仕方なく継続しているというケースもあるので（例：自宅最寄りの鉄道）、そうした特性も理解しておく必要があります。

## KPIの見方

この数字は商材やビジネスモデルによって相場が異なります。ライバルの数字を取ることはなかなか難しいですが、業界平均を超えているに越したことはありません。

業界によってやや定義や測定方法が異なる点には要注意です。わかりやすいのは、サブスクリプション型の動画配信ビジネスや携帯電話などの月額料金が決まっているビジネスです。これらのビジネスでは、離脱した顧客はすぐにわかりますから、継続率の特定も容易ですし、月次単位の詳細な数字が取れます。

小売業などは、ポイントカード保有者ベースにはなりますが、そのデータを活用することで、年単位での離脱率を捕捉します。これも概ね全体の傾向をよく捉えています。

一方で、病院などは、そもそも健康な人であれば毎月行くというタイプのサービスではありませんし、仮に満足度が高くても、年間を通じてその病院で扱う病気をしなければ訪問しないということもあるでしょう。そのため、正しく継続率を取るのは容易ではありません。

## KPIの使い方

事業責任者やマーケティング担当者はこの数字を重視することが多いです。顧客の離脱率を5％減らせば、25％の利益改善になるという「5－25ルール」という経験則もあるからです。目標の設定は過去の実績や業界での相場観などを意識して行うことが多いですが、先に説明したように、継続あるいは離脱した理由も大事です。数字だけを見るのではなく、「なぜ継続したか」、逆にいえば「なぜ離脱したのか」という理由とともに見るべき数字といえます。多くの企業は、離脱した顧客についてもアンケートなどを行うことで対策を講じています。例えば離脱率は同じ20％でも、「サービスそのものを使う機会がなくなった」が離脱理由のトップなのと、「より魅力的なA社のサービスに乗り換えた」が理由のトップなのとでは、打つべき対策も変わってくるということです。

## 補足・注意点

継続率は顧客ロイヤルティを反映することが多いため、それを上げるためにはサービスのレベルを上げ続けることが重要とよくいわれます。一方で、リマインドメールをタイムリーに送ったり、メールマガジンを配信するだけでも継続率は上がったりしますから、そうした地味な活動も疎かにすべきではありません。

**関連KPI**

LTV、離脱率（解約率）、年間利用時間

WORDS

024

WEB MARKETING

# 流入数

**特定のリンク（例：検索連動型広告）からホームページ、あるいは誘導したいサイトにやってきたユーザー数。訪問数、セッション数ともいう**

KPI の設定例

**前年同月の流入数は合計で100万だった。これまでの伸び率を維持していけば、今月は130万の流入数がまずは目標だ**

**数値の取り方／計算式**

本文を参照

**主な対象者**

マーケティング担当者、ウェブデザイン担当者、プロダクト担当者

## 概要

ウェブマーケティングの第一歩は自社のサイトに来てもらい、そこで伝えたいメッセージに触れてもらうことです。トータルとしての流入数が多いことは訪問者数が多いということで、最終的な売上げにもつながりやすくなります。もちろん投下した広告投資との比較も大事ですが、仮に同じ広告投資であれば、流入数が多いことは好ましいことといえます。

## KPIの見方

流入数は、「どこからの流入なのか」を知ることが大事な数字です。典型的なものとしては、検索からの流入、広告からの流入、ＳＮＳからの流入などがあります。これらはGoogle Analyticsに代表される解析ツールを用いることで測定できます。

なお、流入数という数字を使う際には前提となる定義を知っておくことが必要です。例えばGoogle Analyticsの場合、カウントされるのはあくまでブラウザの数です（なお、各ツールにおける用語の定義や運用はしばしば変更されるので注意が必要です）。つまり、仮に何人かでそのブラウザを同時に見ていたとしても、それはあくまで1件とカウントされます。また、同じ人が来た場合でも、前回の訪問から30分以上経ったり、日付が変わった場合は改めて1件とカウントされます（30分という数字はマーケター側で設定を変えることもできます）。また、別のチャネルから流入した場合（例：10分前に検索から流入し、今度は広告から流入した）も改めて別の訪問としてカウントされます。

## KPIの使い方

この数字もマーケターが意識する数字です。特にウェブ広告を大量に行っていたり、SNSを積極活用している場合にはこの数字を常にウォッチします。例えばグロービスでもそうしたマーケティングを重視しているサービスでは週ごとの流入数を媒体ごとに確認し、順調に伸びているかをモニタリングしています。

そうしたサイトの場合、目標数字はマーケターとコンテンツ企画者の両方が議論のうえ共同で持つことになります。マーケターとしてはいかに有効なプロモーションを行うかが重要になりますし、コンテンツ作成側は、多くの人々が読みたくなる魅力的なコンテンツを作ることが求められることになります。

流入数を増やすためにはSEO（Search Engine Optimization：検索エンジン最適化）を地道に行うことも有効です。グーグルの「検索エンジン最適化スターターガイド」を参考にする、対策するキーワードを決めて、そのキーワードにユーザーがどういう情報を求めているのかをしっかり検討する、サジェストキーワードや共起語【＊9】などを調べてコンテンツ化するといった地道な作業が訪問数を確実に増やすのです。

### 補足・注意点

ＳＥＯは有効な手段ではありますが、しばしばグーグルが表示のアルゴリズム【＊10】を変えることがあり、その結果、「昨日までは1ページ目に出ていたのに、今日は2ページ目の後半だ」といったことが起こります。また、あまりに「あざとい」ＳＥＯをすると懲罰的に検索にひっかからないようにされてしまうこともあるので、そうした側面も意識しておく必要があります。

**関連KPI**

直帰率、平均セッション時間

WORDS

025

WEB MARKETING

# 平均セッション時間

訪問したユーザーがどのくらいウェブにとどまっていたかの平均時間

KPIの設定例

**動画サイトについては、各動画の長さの40%の時間は滞在してもらえるようにしよう。そのためにも良い動画を作ったり集めたりしなくては**

**数値の取り方／計算式**
本文を参照

**主な対象者**
マーケティング担当者、ウェブデザイン担当者

## 概要

ウェブの目的によって多少変わりますが、一般に平均セッション時間が長いウェブはそれだけ長く人々が滞留していることを示し、読まれている可能性が高いことを示します（別のページに移動しても、自社サイトにとどまっている限りは1セッションと考えます）。情報を伝えるサイトの場合、この数字が大きいことは好ましいといえそうです。

なお、Google Analyticsでは離脱ページの滞在時間は加算されないため、正確を期すならば他のツールも使って平均セッション時間を知ることが必要です。

## KPIの見方

例えば企業のサイトなどでは概ね5分から10分程度が平均的なセッション時間とされています。

先に、平均セッション時間は長い方がいいと書きましたが、Eコマースのサイトなどでは必ずしもそれが当てはまらない場合もあります。例えば、ウェブの設計が悪く、ユーザーがあちこちのサイトを行ったり来たりして滞在時間が長くなってしまっているのではむしろマイナスです。Wi-Fiの環境が悪く動作が遅くなることでもこの数字は上がることになります。そのため、平均セッション時間だけに着目するのではなく、顧客の生声を集め、それを丁寧に読むことも大切です。

また、ページごとの滞在時間もその気になれば測定できるので、こちらも意識しましょう。例えば10分の動画ページがあった場合、平均滞在時間が10分に近くなるほど、そのコンテンツの魅力度が高く、最後まで見てしまった人が多いことを示します。

平均セッション時間は、次項で説明する直帰率とあわせて見ることが多い数字でもあります。

## KPIの使い方

この数字を見るのは主にウェブの作成者です。先述したように、その目的なども勘案したうえで「長すぎる」「短すぎる」といった判断をします。

特に時系列の比較は意識されることが多いようです。例えば自社のホームページからの訪問者の平均セッション時間が短くなった場合、彼らが読みたくなるような情報を提供しきれていない、あるいは情報が更新されていないため、すぐにセッションを打ち切る訪問者が増えたなどの理由が推定されます。より適切に対応するためにはさらなる分析が必要ですが、この数字が減少傾向にある、あるいは増加傾向にあるといったトレンドは見ておく必要があります。

また、動画コンテンツなどを提供している場合は、先述したように、その動画の長さと比較してどの程度見られているのかを知ることも、改善の情報を得るうえで非常に重要です。

### 補足・注意点

平均セッション時間は、訪問者の質が変わることでも変化します。何らかの理由（例：若者が多いＳＮＳから急に人が流れてきた）で本来想定している訪問者以外の比率が増えた場合、この数字が下がることもあるので、訪問者の動向とあわせて見ることも大切です。

**関連ＫＰＩ**

流入数、直帰率

WORDS

026

# 直帰率

**訪問したユーザーがそのページで離脱してしまった割合**

KPI
の
設定例

**この新商品のキャンペーンページは気合が入っているから直帰率は20%以下に抑えたい**

**数値の取り方／計算式**
本文を参照

**主な対象者**
マーケティング担当者、ウェブデザイン担当者

## 概要

一般論としては、訪問者に見てほしいページをあちこちと回遊してもらうのが理想です。しかし、最初のランディングページ【＊11】に魅力がなければ、そこですぐに離脱してしまう人が増えるでしょう。これでは平均セッション時間も増えません。直帰率を減らし、平均セッション時間を増やすようにウェブを設計することが大切です。

## KPIの見方

直帰率もGoogle Analyticsの数字だけを見ていると錯覚しやすい数字です。例えばそのページを10分間丁寧に見ていたとしても、そこでブラウザを閉じてしまえば直帰とみなされるからです。しかもGoogle Analyticsでは離脱したページの時間はカウントしませんから、このケースでは「直帰、滞在時間0分」となってしまうのです。

そこで、通常は他のツールも用いて「どのページに遷移したか」「どのくらいそのページ（特にランディングページ）に滞在していたか」などを細かく見ます。

その際、訪問者に、企業側として望ましい行動をどのくらいとってもらえているかを測定することが必要です。例えば、次にこのページに遷移してほしいというのであれば、どのくらいその行動がなされているのかを測定すべきでしょう。あるいは、資料のダウンロードなどが期待されるなら、実際にどのくらいその資料がダウンロードされたのかなどの比率を丁寧に見ることが必要です（なお、Google Analyticsでも、ダウンロードのようなアクションがあった場合は、ランディングページしか見ていなくても直帰扱いにはなりません）。

## KPIの使い方

この数字もウェブの作成者が意識する数字です。一般論としては直帰率が高いことは好ましい傾向ではありません。

この数字は単独ではなく、時系列の比較や、他のランディングページとの比較が大切です。例えばAというキャンペーンの直帰率が30％だったのに対し、Bというキャンペーンの直帰率が80％だったとしたら、明らかにBの方に問題がありそうです。パッと見たときの魅力度が低かった、訪問者にとって読みにくい内容だった、訪問者にクリックなどのアクションを促したくてもその方法がわからなかった、などの理由が考えられます（もちろん、キャンペーンそのものの魅力度が影響している可能性もあります）。これらの原因を見極め、丁寧につぶしていくことが求められます。

直帰率の目標の設定は、過去の類似のページの直帰率を参考にすることが多いようですが、この数字だけを過度に強調するのではなく、平均セッション時間や訪問数など、総合的に目標設定することが必要です。

### 補足・注意点

適切なツールを使うことによって、「おそらく真の直帰」と「おそらくある程度は読んだうえでの直帰」を分けることもできます。例えば1ページを読むのに1分程度かかるページにおいて、40秒以上滞在があったら「読んだ」とカウントするように設定しておくなどの工夫ができます。どこまで手間暇をかけるかの判断は難しいですが、Google Analyticsの数字を鵜呑みにするのではなく、目的に応じた測定方法を工夫することも大事です。

**関連KPI**

**流入数、平均セッション時間**

〉WORDS〈

027



# クリック率
# （CTR：Click Through Rate）

**ウェブ広告で、表示された広告数（インプレッション数）に対して、実際にクリックされた割合**

| | |
|---|---|
| KPI の 設定例 | **広告代理店の提案ではクリック率0.2%とのことだったが、0.5%くらいを提案してくれる代理店はないだろうか** |

**数値の取り方／計算式**
本文を参照

**主な対象者**
マーケティング担当者、デザイン担当者

## 概要

今や広告への予算投下比率は、分野にもよりますが、ウェブ広告がテレビ広告を上回るケースも多数出ています。ただし、どれだけバナー広告や検索連動型広告を出したところで、それがクリックされないようでは意味がありません。この数字が高いということは、それだけそのウェブ広告が有効であることを示す１つの材料になります。

## KPIの見方

クリック率はそれほど高い数字が出るわけではありません。バナー広告の場合で概ね０・２％程度、検索連動型広告（リスティング広告【*12】）の場合で２、３％程度とされています。近年はビッグデータやＡＩ（人工知能）によるリターゲティング【*13】の効果が上がってきているといわれてはいますが、それでも平均すれば低いパーセンテージのユーザーしか反応してくれないわけです。

広告代理店側は過去のデータからおおよそのクリック率のデータを持っており、それを活用して広告の売り込みを行います。

なお、広告主のサービスや商材によっても当然クリック率の相場は変わってきます。リスティング広告の場合、最もクリック率が高くなるサービスは「出会い系」や「法律系」といわれており、ユーザーの関心や真剣度合いを強く反映しています。

## KPIの使い方

この数字を意識するのは広告出稿側の関係者、そして広告代理店側です。こうした広告の課金は通常クリック数に応じて発生することが多いですが、クリック率の低いバナーやリスティングのクリエイティブを作っていては効果的ではありません。そこで追加の無駄な費用が生じることもあります。やはりクリック率が高いクリエイティブを工夫することが、即効性の高い広告効果につながります。

広告出稿側の目標設定は、一般的には過去の実績を参考に行います。また、どのような媒体が費用対効果が高いのかなども測定し、適宜出稿媒体を変えたり、新しい媒体の実験なども行います。またクリエイティブについては、A／Bテスト（2パターンの広告表現を出して、どちらの方が反応がいいかを見定めるテスト）なども繰り返し、クリエイティブをどんどん改善していくのも昨今では常識化しています。

**補足・注意点**

広告出稿主にとっては、どの広告代理店を選ぶかが、広告効果を上げるうえで非常に大切になります。価格だけではなく、実績や分析能力、アフターサービス、提案能力などを勘案して選ぶことが大切です。なお、広告代理店によって得手不得手もあるので、それらも考慮して数社を使い分けるといったこともよく行われています。

**関連KPI**
コンバージョン率

WORDS

028

WEB MARKETING

# コンバージョン率
## （CVR：Conversion Rate）

**ウェブ広告で、流入した人のうち、売上げにつながるアクションに至った割合**

KPIの設定例

**この媒体のコンバージョン率は今年は前年より1ポイント上げて6%としたい**

**数値の取り方／計算式**

本文を参照

**主な対象者**

プロダクト責任者、マーケティング担当者、ウェブデザイン担当者

## 概要

「売上げにつながるアクション」は企業によって定義が異なる場合がありますが、「申込みの数」や「問合せの数」といった数字が用いられることが多いようです。Ｅコマースの場合は、そのまま「購買に至った数」などを用いることもあります。

コンバージョン率が高いということは、それだけ広告によって「質の高い見込み顧客」を集めたことを意味します。なお、率だけが高くても絶対数が少ないと意味がありませんので、通常はコンバージョン数と同時に見ていきます。

## KPIの見方

一般にコンバージョン率が高いことは望ましいことですが、もともとのクリック数が少ないようでは効果半減です。前項のクリック率も掛け算した「インプレッション総数に占めるコンバージョン率」などもあわせて見るといいでしょう。最も好ましいのは、クリック数が増え、かつコンバージョン率も上がるという状況です。

なお、コンバージョン率の高さはもちろん広告のみによって決まってくるものではありません。サービスそのものの力（過去の実績や高い費用対効果）はもちろんのこと、ランディングページのコンテンツのわかりやすさやインパクト（キャッチコピーの良さなど）、入力フォームのシンプルさ、操作性の良さなど、さまざまな要素が関係してくることを理解しておきましょう。

## KPIの使い方

この数字はもちろんウェブ広告の担当者が意識しますが、先に記した通り、サービスそのものに力がなければ結局は申込みなどには結び付きません。その意味で、ウェブマーケティング担当者に丸投げするべき数字ではなく、サービスの設計者や提供責任者なども同時に注目すべき数字といえるでしょう。極端な話、サービスレベルが低いのに、ウェブ上で工夫してコンバージョン率を上げたところで、不満な顧客が増えるだけです。

この数字も、目標設置は過去の事例を参考に行います。また、トータルの数字もさることながら、ウェブ媒体ごとにPDCAを回し、最適化を図っていきます。

コンバージョン率が下がってきているといった状況は、自社サービスの競争力が落ちてきている兆候の可能性もありますので、要注意です。他の広告（新聞広告など）と同時並行で広告を出している場合、ウェブ広告は「感度が高く、かつ若い人が多い」メディアでもあるので、先行指標的な意味合いを持つこともあるので、その意味でも要ウォッチといえるでしょう。

## 補足・注意点

コンバージョン率は、「指名ワード」と「一般ワード」に分けて見ることもあります。指名ワードとは、例えば英会話教室の場合、「ＥＣＣ」や「ＧＡＢＡ」といった企業名そのものや、「マンツーマン英会話サービス」といった特徴的なワードを指します。一般的に指名ワードの検索はすでに関心が高いため、コンバージョン率も高くなるとされます。

**関連ＫＰＩ**

**クリック率**、申込数

〉WORDS〈

029

WEB MARKETING

# ユニークユーザー数（UU）

**特にウェブサービスにおいて、一定期間にそのサービスを利用した「固有の（他人とは異なる）ユーザー」の数を指す**

KPIの設定例

**前月のユニークユーザー数は100万だった。過去2年間、毎月5%増のペースで来ているから、今月もそのペースで105万のユニークユーザー数としたい**

**数値の取り方／計算式**

本文を参照

**主な対象者**

プロダクト責任者、マーケティング担当者、ウェブデザイン担当者、コンテンツ担当者

## 概要

例えばあるサイトがあったとします。1週間にAさんが1回、Bさんが3回、Cさんが5回、Dさんが20回訪問した場合、訪問数は29回とカウントされます。しかし実際に訪問したのは４人だけですから、ユニークユーザー数は４人となります。つまり、1人のユニークユーザーが何度も来るタイプのサイトでは、ページビュー（ＰＶ）が多くても、ユニークユーザーは少ないこともあるのです。なお、ユニークユーザー数と一緒によく用いられるページビューは閲覧したページの総数を指すため、常にユニークユーザー数≦セッション数≦ページビュー数となります。

ユニークユーザーが多いということは、それだけ多くの人が利用しているサイトといえるでしょう。

## KPIの見方

サイトの目的にもよりますが、ユニークユーザーの多さは、そのサービスのリーチの広さや、購買への誘導機会が多いことを示します。

なお、ユニークユーザーで捕捉できるのは通常はブラウザ数なので（実際にはＩＰアドレスやクッキーなどを見て解析ツールが同一のユーザーかを判断します）、同じ人が会社のＰＣと自宅のＰＣ、さらにはスマホで同じページを見た際には、ユニークユーザーは３人とカウントされます。近年は複数の機器のブラウザを利用する人も多いので、実は真の人数はユニークユーザー数よりも低いというケースがしばしば生じます。とはいえ、ユニークユーザーと実際の人間の数でそんなに大きな順位の逆転が起こることはないので、ユニークユーザーの多さは、やはりリーチの広さと考えて問題はないでしょう。

## KPIの使い方

オンラインメディアなどの場合、このユニークユーザー数を増やすことは非常に大切です。通常はそのサービスの責任者やマーケティング担当者が責任を負う数字となります。

ただしこの数字は小手先のテクニックで上がるものでもありません。例えば「炎上商法」で瞬間的にユニークユーザーが増えたところで、「内容そのものはつまらないサイトだ」ということがわかってしまえば、結局ユニークユーザー数も減ってしまいます。

ではは何をすればいいかといえば、コンテンツサイトであれば、有益な情報、コンテンツを地道に増やすことです。同時にＳＥＯなどの対策も行うと、即効性はやや低いですが、確実にユニークユーザー数は増えます。ローマは一日にして成らないのです。

## 補足・注意点

ユニークユーザーを増やす方法論として、SNSの活用による誘導という方法もあります。後述するように、フォロワー数を増やしたり、シェア数を増やすべく「思わず他人にも知らせたくなる」「共感できる」と読者が感じられるコンテンツを多く持つことも必要です。

### COLUMN

ユニークユーザーは、年単位、月単位から、週単位、日単位、時間単位まで測定できます。ただし、解析ツールによっては、例えば日をまたいで23時から25時まで利用したユーザーを2人と二重にカウントするケースもあります。これは、時間単位など、測定の時間軸が短くなるほど大きな誤差を招くことになります。用いている解析ツールのカウント方法を正しく認識することが必要です。

**関連KPI**

セッション数、ページビュー

WORDS

030

WEB MARKETING

# ダウンロード数

**特にアプリについてダウンロードされた数**

KPIの設定例

**潜在顧客は1000万人だろう。ライバルとの競争もあるから、今年中に一気に300万DL程度までは数字を伸ばしたい**

**数値の取り方／計算式**
本文を参照

**主な対象者**
事業責任者、プロダクト責任者、マーケティング担当者

## 概要

もともとＰＣのアプリは昔からありましたが、近年はスマートフォン向けのアプリが簡単かつ安価に作成でき、またApp StoreやGoogle Playストアという流通のためのインフラが整備されたことから、一気にアプリの数が増えました。ＬＩＮＥやメルカリ、フェイスブックやツイッターといった有名なサービスもスマホのアプリをダウンロードして用いている人は多いでしょう。ダウンロード数（ＤＬ数）の多さは、そのアプリの人気度合いを如実に示すものといえます。

## KPIの見方

ダウンロード数は、ＰＣのもの、スマホのもの、さらにはｉＯＳのもの、アンドロイドのものなどが極めて正確に捕捉できます。特に近年は「スマホの画面や時間の奪い合い」がネットビジネスでは非常に重要になってきたため、スマホ向けアプリのダウンロード数は非常に注目されています。

商材のタイプや潜在的な顧客の数もあるため、何件以上なら多い／少ないということは一概にはいえませんが、例えば日本で大ヒットしたＬＩＮＥアプリは、サービス開始から3年で10億ダウンロードされたといいます。

いわゆる「ネットワーク効果」が働くプラットフォーム型のビジネスでは、「ユーザー数の多さが利便性を生み出し、さらなるユーザー獲得につながる」「Winner Takes Allになりやすい」という傾向が強く、早い段階でこのダウンロード数を増やすことが戦略上も重要とされています。

## KPIの使い方

以上の説明からもわかるように、この数字は戦略と極めて強く連動してきます。特にネットワーク効果が働くプラットフォームアプリの場合、テレビ広告を大々的に行ったり、無料アプリにもかかわらずアマゾンカードを５００円分配る（ＬＩＮＥの例）といった、一気にダウンロード数を増やす施策が採られることがあります。

この数字はＭＡＵ（月間アクティブユーザー：Monthly Active Users）やＤＡＵ（1日当たりアクティブユーザー：Daily Active Users）と同時並行で用いる数字でもあります。例えばＳＮＳアプリでナンバーワンのフェイスブックは、２０１９年3月時点で、全世界でＭＡＵが23億８０００万人（前年比８％増）、ＤＡＵが15億６０００万人（前年比８％増）と極めて多くの人々に支持され、日々用いられています。

ダウンロード数やＭＡＵなどに責任を持つのは一義的には事業責任者やマーケティング責任者ですが、そのアプリの重要度が高い場合には、経営者自らが先頭に立ってこの数字を増やすべく、さまざまな指示を出すこともあります。

### 補足・注意点

魅力のないアプリは、一度ダウンロードされてもすぐにアンインストールされる傾向があります。ユーザーも、あまりに多くのアプリは使いこなせないからです。そうならないためにも、アプリそのものの魅力を高め、また操作性や見映えを良くするなどの工夫が必要となります。

**関連ＫＰＩ**

MAU、DAU、ARPU、ARPPU

WORDS

031

WEB MARKETING

# 有償転換率

**アプリやサービスの無償利用者のうち、有償サービスに切り替えた（あるいは課金サービスを利用した）ユーザーの比率**

KPI の設定例

**このサブスクリプションモデルのサービスだが、有償転換率50%が早期黒字化のためには必要だろう。上級移行は来年以降の課題として、今年はまずこの数字を目指そう**

**数値の取り方／計算式**
本文を参照

**主な対象者**
事業責任者、プロダクト責任者、マーケティング担当者、コンテンツ担当者

## 概要

多くのサービスには「お試し版」というものがあります。例えばＤＡＺＮのような定額見放題サービス（いわゆるサブスクリプションモデル）についても、いきなり有償会員になるのはハードルが高いため、一定期間（例：1カ月）の無償利用期間が設けられることがあります。そのサービスを良いと感じてもらえれば、その一定比率が有償サービスに移行します。

あるいは、フリーミアムというビジネスモデルでは、基本機能は無料で利用できるものの、一定以上のレベルの機能を利用するためにはお金を払う必要が生じます。ＤｅＮＡのゲームのアイテム課金や、ＬＩＮＥのスタンプなどがその典型です。

有償でもサービスを利用したいと思うユーザーが多いということは、そのサービスの魅力が高い、あるいは課金アイテムの魅力が高いことを示します。

## KPIの見方

サービスの種類や金額によっても有償転換率は異なりますので、世間一般の水準は示しにくいですが、ネット上のフリーミアムモデルの場合、一般的に5％程度の有償転換率があればビジネスは成功するといわれています。逆にいえば、95％（20人に19人）は無償ユーザーであっても、

20人に1人でも課金アイテムを買ってくれると十分に採算がとれるということです。これは顧客が1人増加した場合の追加費用、いわゆる限界費用が非常に低いためでもあります。

有償転換率の数字は類似の業界のものと比べるとその高低が判断しやすくなります。

## KPIの使い方

この数字は事業責任者、サービス設計者、マーケティング担当者などが責任を持つ数字です。通常は社内のコストや想定される利益（ケースにもよりますが、黒字化までに数年の期間を想定する場合もあります）なども勘案し、無料期間、無料で提供する機能などと有償部分との切り分けや、有償部分の価格などを決めます。

有償転換率が目標に到達しない場合は、価格の問題なのか、無料サービス部分で価値が訴求できなかったのか、それともプロモーションの問題なのか等を見極め、しかるべき施策を打ちます。ネット商材の場合、ＰＤＣＡについても早いタイミングで回し、問題解決をしていくことが必要です。

サブスクリプションモデルの場合などは、解約率（チャーンレート）もあわせて検討します。

## 補足・注意点

多くのケースでは、メニューにいくつかのバリエーションがあることも多いので（例：ベーシックコース、スタンダードコース、プレミアムコースなど）、次のレベルへの転換率もこまめに測定し、平均単価を上げる努力も必要です。

COLUMN

有償サービスは、それが価格に対して魅力的であるほど、転換者が増えます。その筆頭はアマゾンのプライム会員でしょう。配送が無料になるなどの他、ビデオや音楽を無料で楽しむことができます。特に日本は他の先進国より値段が安く、先行投資的に会員数を増やしています。これはまず成長と顧客満足の仕組みに投資し、利益は後で回収するというアマゾンの戦略をそのまま反映したものといえます。なかなか真似はできないですが、価格設定やサービス設計に当たっては、そうした長期スパンでの戦略も意識することが望まれます。

**関連KPI**

解約率、有償アイテム平均利用額、ARPPU

〉WORDS〈

032

WEB MARKETING

# 翌日再訪問率

**特にウェブ上のサービスについて、利用を開始したユーザーのうち、翌日にもそのサービスサイトを訪れたユーザーの比率**

KPIの設定例

**このサービスは絶対に良いものだし、継続に意味があるから、98%以上の翌日再訪問率を期待したい**

**数値の取り方／計算式**
本文を参照

**主な対象者**
プロダクト責任者、マーケティング担当者

## 概要

毎日でも使ってほしいサービス（例：ＳＮＳ的なサービスやブログ的なサービス、英会話サービスなど）の場合、継続率、逆にいえば離脱率に大きな影響を与えるとされるのが翌日再訪問率です。人間は習慣に流される部分が多い動物であるため、翌日に来ないようだと、そのままずるずるとそのサイトを訪れなくなってしまうのです。

なお、サービスのタイプによってはもともと毎日までは利用しないものもあります（タクシーの配車アプリなど）。その場合でも、翌週や翌月に訪問があったかを週次や月次で把握しておくと、長期的な継続率を知るヒントとなります。

翌日再訪問率が高いサービスは、顧客が訪れたくなる魅力的なサービスといえます。

## KPIの見方

継続率同様、この数字は「なぜ翌日に訪れなかったのか」という理由とあわせて見ると理解が深まります。

図12の事例では、初日に投稿がなかった、あるいは利用時間が10分未満だと、楽しみ方がわからないので翌日も訪問しなくなる可能性が高いという仮説が成り立ちそうです。

## KPIの使い方

この数字は、ソフトやアプリの利用の中でも比較的後半に位置します。それゆえ、ここで顧客をとりこぼさないように、継続する仕掛け（例：アラームを送る、初期継続の特典を付けるなど）の対策をしっかり考えることが求められます。

この数字の高さは、継続率などとあわせて、顧客に対するマーケティングや使い方に関する啓蒙の武器として活用することも

図12 継続率、翌日再訪問率と初日の行動

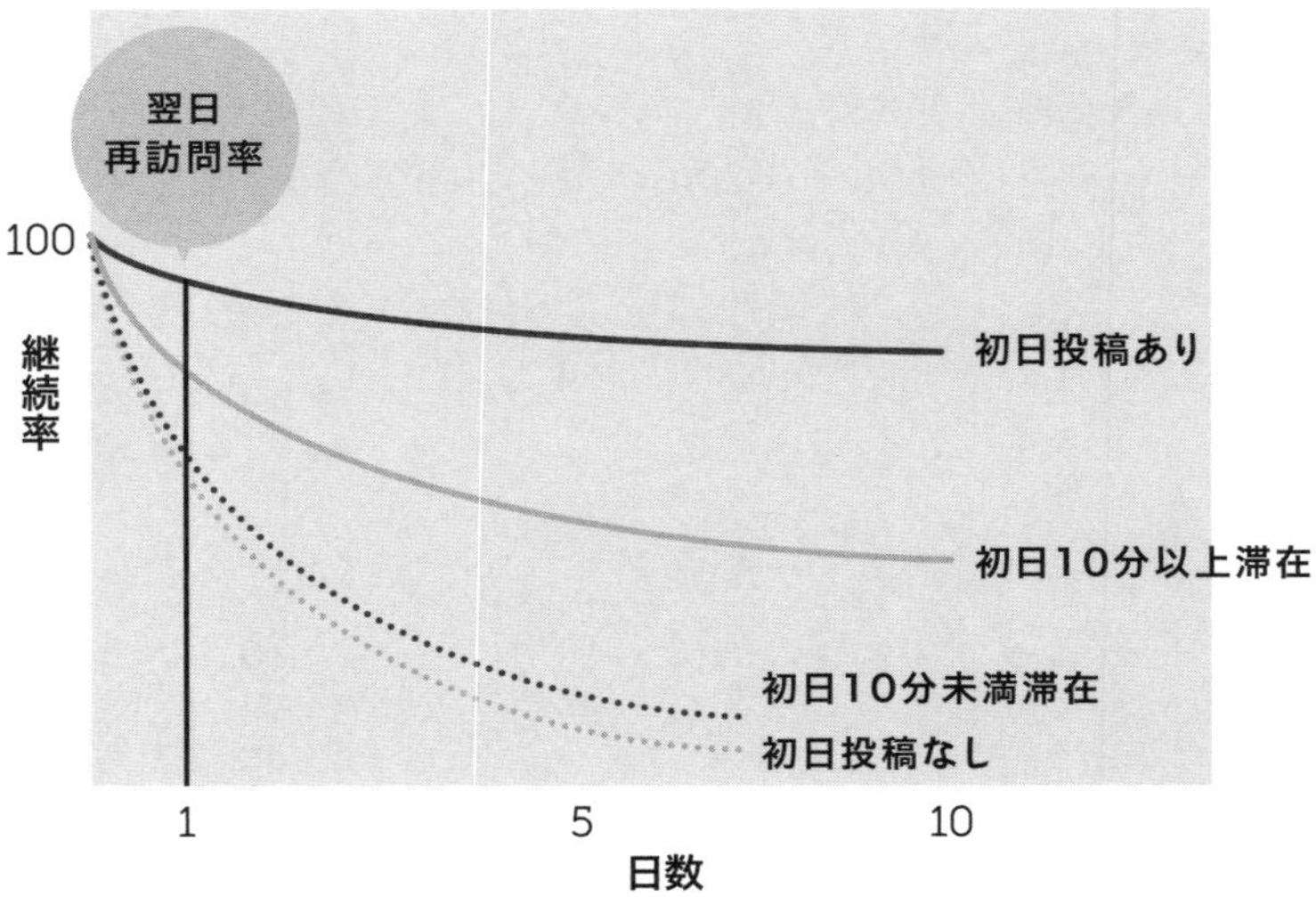

できます。

**補足・注意点**

離脱した人の生の声を聞くのはなかなか難しいものですが、できれば登録情報から生声を聞きやすい人を抽出し、何件かデプスインタビュー【*14】を行うと効果的です。

**関連KPI**

**継続率**、離脱率、初日利用時間

WORDS

033

WEB MARKETING

# 送客数

**特定のサイトからある特定のサイトに流した訪問数。あるいはそこでコンバージョンに至った数**

KPIの設定例

**先月は〇〇部門への送客は、訪問件数5000件、申込件数10件だった。今月はページビュー10%増と送客効率10%増で、計20%の送客増である、訪問件数6000件、申込件数12件を目指す**

**数値の取り方／計算式**
ウェブ解析データより入手可能

**主な対象者**
プロダクト責任者、マーケティング担当者、ウェブデザイン担当者

## 概要

企業によっては、部署ごとにサイトを作ったり、ある特定のサイト（あるいはサイトの一部）を他部署への送客用に設けることがあります。そうしたサイトにおいては、その特定の部署のサイトにどのくらいの「送客」をしたか、あるいはコンバージョンに結び付けたかが大事なＫＰＩになります。予定通りの送客を実現できているサイトは、他部署のマーケティングの一環として機能しているサイトといえるでしょう。

## KPIの見方

送客数は一般には多いに越したことはありません。例えば出版社のオンラインサイトの書籍紹介のコーナーであれば、（特に自社出版物の場合）その書籍のアマゾンサイトに誘導して実際に書籍を買ってくれる人が多ければ、それを担当した編集部や編集者からは非常に感謝されるでしょう。

我々グロービスでも「ＧＬＯＢＩＳ知見録」という無料のナレッジライブラリを持っていますが、「グロービス学び放題」という定額学び放題のサービスへの送客や、グロービス経営大学院への送客については重要なＫＰＩ（サイト訪問数および、グロービスで設定したコンバージョン数）の1つとなっています。

## KPIの使い方

この数字は、ある部署が一方的に設定するということはなく、送客される側の部署と相談のうえ、「これくらいの数を目指しましょう」と取り決めるのが一般的です。例えば月間100万のページビューがあるサービスであれば、そのうち2％を送客される側の申込みサイトに送り込むなどです。通常は時系列の数字を参考にします。そのうえでコンテンツの工夫やサイト設計の工夫などをすることで上積みを図ります。

多くの場合、送客される側もアイデアを出すのが一般的です。例えば先の出版社のオンラインサイトの例であれば、そこに載せる紹介文（あるいは書籍の内容に関連する記事）や魅力的なキャッチコピーを編集者サイドで準備し、それを載せてもらうなどです。

企業によっては、そこに移転価格（振替価格）を設けることもあります。移転価格とはあたかも別企業であるかのように部門間で架空のお金のやりとりを発生させることです。それによってフリーライドの不満を解消しつつ、「他部門の役に立つサイトにしよう」というインセンティブを生み出すのです。

## 補足・注意点

通常、企業において最も多くの人が見るのはホームページなので、ホームページ担当者（広報部の人間など）がホームページからの送客に責任を持つこともあります。ただし、特定の部門にのみ偏りすぎるのもブランディング等の問題上、好ましくないこともあるので、通常は各部署のマーケティング担当の声を聞いてバランスをとります。

**関連KPI**

**流入数**、送客先でのコンバージョン率

〉WORDS〈

034

WEB MARKETING

# フォロワー数

**SNSや動画サイトなどで自社や自分をフォローしてくれている人の数**

| | |
|---|---|
| KPIの設定例 | **ツイッター、フェイスブックといった主要なSNSについてはすべて対前年25%増のフォロワー数を目指す** |

**数値の取り方／計算式**
本文を参照

**主な対象者**
マーケティング担当者、コンテンツ担当者

## 概要

近年、フェイスブックやインスタグラム、ツイッター、ユーチューブなどをマーケティングに活用する企業が増えました。ただし、「やっている」というだけでは意味がなく、どれだけ多くの人に見てもらえるか、あるいはタイムラインに自分の投稿が流れるかといったことが非常に重要になります。媒体にもよりますが、メジャーなＳＮＳ等でフォロワー数が多い人（あるいは企業）は、ネット上での発信力が大きいとみなすことができます。

## ＫＰＩの見方

フォロワー数は一般に多い方がいいとされます。例えばツイッターの場合、２０２０年現在、ビジネス系で最もフォロワー数が多いのは前ＺＯＺＯ社長の前澤友作氏でおよそ７００万人（総合でも有吉弘行氏と松本人志氏に次いで3位）、企業ではスターバックス コーヒー ジャパンの公式アカウントとローソンの公式アカウントがそれぞれ４７０万人規模となっています。

前澤氏のツイートが良くも悪くも世間で話題になることが多かったのは有名な話ですし、スターバックスやローソンは日本人のおよそ25人に1人がフォローしているわけで、何かを伝えるチャネルとしてもかなりの媒体になっていることがわかります。

なお、フォロワー数はあらゆるサービスのものを単純に足してもあまり意味はありません（全くないわけではないですが）。通常、目的に応じて使うサービスも異なりますので、フェイスブックならフェイスブックのフォロワー数、ツイッターならツイッターのフォロワー数など、サービスごとに見るのが良いでしょう。

## KPIの使い方

この数字に責任を持つのは通常は企業のマーケティング担当者です。経営者自らが前面に立って情報発信する場合は、経営者本人やブレーンがこの数字を上げるべく力を入れます。

この数字もその質とともに評価されるべきものといえるでしょう。例えばツイッターの場合、勝手にフォロワー数も増えることになります。これはフォロワー数を増やすには確かに有効なのですが、自分にそれほど関心がない人もひっかけてしまうという問題があります。企業の公式アカウントで露骨にこれをやるとむしろ反感を買うこともある点は意識しましょう。

最もいい方法は、地道に投稿などの魅力度を上げ、評判になることです。その際、もともとの知名度が高いことは非常に有利に働きます。また、1日に3回など、何かしらの目標設定をして地道に情報発信を繰り返すことがフォロワー数アップにつながります。

フォロワー数の多さは、他社と共同でキャンペーンなどを行う際に、自社の交渉力を高める効果などもあります。

## 補足・注意点

最近であればティックトックなど、どんどん新しい媒体やキュレーションサイトが立ち上がりつつあります。その際、いち早くそのサービスの中でプレゼンスを築いておくと、後々有利に働く場合があるので、マーケティング担当者は要注意です。

ニュースのキュレーションアプリであるニューズピックスのように、インフルエンサーを「PRO」などとして遇してくれるケースもあります。社内にそうしたインフルエンサーがいる場合は、彼／彼女を戦略的に露出させることも効果的です。

**関連KPI**

「いいね」数、**シェア数**、エンゲージメント率

WORDS

035

WEB MARKETING

# シェア数

**SNSなどにおいて自分の投稿がシェア（あるいはリツイートなど）された件数。個々の投稿について見ることもできるが、月次、週次などでも測定する**

KPIの設定例

**平均フォロワーは50万人を目指すから、1回の投稿当たり0.05%で平均250件のシェアを目標にしよう**

**数値の取り方／計算式**
本文を参照

**主な対象者**
マーケティング担当者、コンテンツ担当者

## 概要

ウェブマーケティングにおける重要な要素にバイラル性があります。つまりウイルス（英語ではバイラル）が広がるように、どんどんシェアされて拡散されていくほど、投稿の価値が高いということです。それを反映する典型的な指標がシェア数（ツイッターであればリツイート数）です。

当然フォロワー数が多いほどシェア数も上がりやすくなります。トータルのシェア数が多いアカウントは、情報発信力のあるアカウントとみなせるでしょう。

## KPIの見方

シェア数はそれ単独で見るのではなく、エンゲージメント率と同時に見ることが多い指標です。エンゲージメント率とは、フェイスブックの場合、投稿に関して「いいね」がついたり、コメント、シェア、あるいはクリックされた人数の比率です。つまり、シェアまでされなくても、「いいね」がついたりコメントされるだけでも、何らかの好ましい反応を引き起こしたと考えうるのです。なお、エンゲージメント率の定義はサービスによって異なるので注意してください。

フェイスブックの企業アカウントの場合、通常エンゲージメント率は０・５％から２％程度とされています。

通常のエンゲージメント率に比較してもシェア数の多い投稿の場合、それは「誰かに知らせたくなる投稿」「極めて共感度の高い投稿」であったことを示すと考えていいでしょう。特にまだフォロワー数が少ない人や組織の場合、「いいね」やコメントが多くてもバイラル性は薄いですから、シェア数がより重要な意味を持つといえます。

## KPIの見方

シェア数はいたずらに増やせばいいというものではなく、内容も当然肝心です。いわゆる「炎上」でシェアが増えても全く意味はありません。捕捉するのは多少難しいですが、プラスの効果をもたらすシェア数とマイナスの効果をもたらすシェア数は分けてカウントするのがいいといえます。運営責任者としては、適切な運営をすることでプラスの効果のシェアを増やすことが命題となります。時々「悪名は無名に勝る」ということで炎上ギリギリの投稿をする企業もありますが、ギャンブル性の高いやり方であることは意識しておくべきでしょう。

シェア数の多さやエンゲージメント率の高さは、フォロワー数同様、他社と共同キャンペーンなどを行う際に自社の交渉力を高める効果があります。

## 補足・注意点

エンゲージメント率については、分母をフォロワー数とする流儀と、インプレッション数とする流儀などがあります。どれが絶対的に正しいというわけではないですが、時系列変化を見る際などには統一しておく方がいいでしょう。

**関連KPI**

「いいね」数、エンゲージメント率

## CHAPTER3　用語解説

[＊1] **相対シェア**：業界1位の場合は2位に対して何倍かという数字、業界2位以下の場合はトップに対して何倍かという数字

[＊2] **インフルエンサー**：オピニオン・リーダーとほぼ同義であるが、明確に意見を表明するわけではない人々のケースでも用いる

[＊3] **オピニオン・リーダー**：人々の意見や行動に影響を与える人々。企業内で専門性が高い人々や、フォロワー数の多い著名人などがその典型

[＊4] **フェルミ推定**：手に入りやすい数字を活用して、一見見当がつかないような数字の概算値を求めること。フェルミ推定を多面的に行うことで、より実態に近い推定値が出せる

[＊5] **プロダクトライフサイクル**：製品を市場に導入してから、導入期→成長期→成熟期→衰退期のフェーズを通って、売上げが推移し、また顧客層も変わるという考え方

[＊6] **AMTULモデル**：マーケティングにおける顧客の購買態度の変容を表すモデルの1つ。消費者は、Awareness（認知）、Memory（記憶）、Trial（試用）、Usage（日常使用）、Loyalty（固定使用）の5つのプロセスを経てヘビーユーザー化すると考える。それぞれの段階を数字として捕捉しやすいモデルとされる

[＊7] **クロージング**：商談において顧客と契約を締結すること。もともとの意味は締めくくり。往々にして多少強引な説得を必要とする

[＊8] **ABC（活動基準原価計算）**：製品や事業部のコスト計算に当たり、それまでアバウトに配賦《はいふ》されていた間接費を細かく分けてより正確に配賦するコスト計算方法。いったん企業活動ごとにその数量（例：時

間）と単価（例：円／時間）を求め、それを適切なコストドライバー（配賦基準）に比例させて割り振っていく

［＊9］**共起語**：「イタリアン」に対して「パスタ」のように、一緒に利用されやすい用語

［＊10］**アルゴリズム**：コンピュータのプログラムを動かすための手順。その手順をプログラミング言語で表したものがプログラムとなる。良いアルゴリズムを用いると、小さい負荷や短い時間でコンピュータに必要な作業を行わせることができる。また、広い意味では表示やランキングのルールのこともアルゴリズムという（本文中の事例はこちら）

［＊11］**ランディングページ**：ユーザーが検索エンジンや広告などから最初にアクセスするページのこと。多くの企業ではホームページをそのまま用いているか、キャンペーン用の特別ページを用いている

［＊12］**リスティング広告**：検索エンジンの検索結果に表示される広告。グーグル検索の上位に出る広告がその典型

［＊13］**リターゲティング**：サイトへの訪問者のその後の行動を追跡し、その情報を解析して再度アプローチすること。関心のありそうな商材の広告を出すなどがその典型

［＊14］**デプスインタビュー**：数人のメンバーを集めて、通常1時間以上の時間をかけてじっくりと話を聞くインタビューのこと。通常のアンケートでは得られない深い洞察を得たり、顧客の深層心理に迫りたい場合などに用いる

CHAPTER4

# オペレーション・イノベーションのKPI

WORDS

036

OPERATION

# スループット

**売上高から真の変動費を差し引いたもの。キャッシュを稼ぐスピードを反映する**

**KPIの設定例**

**この生産システムにかかっている固定費などを勘案すると、製品Cは1日当たり50000円のスループットが必要だ。現在は30000円だから、67%程度のアップが必要だな**

**数値の取り方／計算式**

スループット＝売上高ー真の変動費

真の変動費とは原材料費や輸送費など、純粋な変動費のみを指す

**主な対象者**

事業責任者、生産責任者、営業責任者、オペレーション責任者

## 概要

スループットとは、生産量にスピードの概念を取り入れたものです。サプライチェーンマネジメント（ＳＣＭ）【*15】の基本理論である制約理論【*16】で用いられる指標です。単位時間当たりのスループットをいかに最大化するかということが重視され、それが多いほど収益が増すと考えます。スループットの大きな製品は、企業にとってより多くの利益をもたらす製品と考えられます。

## KPIの見方

この数字はあるシステム（特に生産システム）の中で考えます。例えば製品Ａは1個当たりの売価が１０００円で、５００円のスループットしかないものの、1日に60個製造できるとします（しかもそれはすべて結局売れると考えます）。一方、製品Ｂは1個当たり売価２０００円で１２００円のスループットがあるものの、1日の生産量は20個が限界とします。1個当たりの額や限界利益率（４１２ページ参照）を見れば製品Ｂの方がいいように見えますが、「スピード」も勘案すると、製品Ａは1日３００００円のスループットがあるのに対し、製品Ｂは２４０００円にとどまります。そこで、この場合は製品Ａの方がより会社に利益をもたらす製品であり、優先的に作るべきと考えるわけです。

## ＫＰＩの使い方

スループットはあらゆるビジネスシーンに応用可能ですが、特にいくつかの機能やプロセスが連鎖する場面で威力を発揮します。その典型はＳＣＭや生産システムです。先述のような単純な製品間比較にも使えますが、スループットをＫＰＩとしていかにシステム全体の効率を上げるかという場面でも活用されます。

スループットを上げるうえで最も威力を発揮するのはボトルネックの解消です。ボトルネックとはシステム全体の中で最もキャパシティが小さく、それゆえそこが全体のスピードを決めるような箇所です。例えば製造部門は1日60個作れて、営業部門も同じ量売れるのに、オペレーション部門が1日に40個しか捌《さば》けなければ、結局全体のスループットも40個という数字を反映したものになってしまいます。そこでオペレーション部門の人員を増やしたり、機械で一部代替するなどしてキャパシティを増やせば、このシステム全体として60個という数字を反映したスループットとなるのです。

## 補足・注意点

次項でご紹介する稼働率というＫＰＩは、通常はなんとなく平均的に見ることが多いかもしれません。しかしスループットを意識すると、個別の工程ごとの稼働率をＫＰＩとして細かく見ることで、全体の生産性を上げる方向性がより鮮明になります。

なお、ボトルネックは、単純なシステムであればすぐに発見できますが、実際には経営資源を他製品や他事業と共有することも多いため、意外に特定が難しい場合もあるので、ある程度の経験が必要になってきます。

**関連ＫＰＩ**

**稼働率、限界利益率、**仕掛在庫額

WORDS

037

OPERATION

# 稼働率

**ある経営資源がキャパシティに対してどの程度実働したかを示す数値。設備の場合は設備稼働率といわれる**

| KPIの設定例 | **前年はコンサルタントの稼働率は70％程度だったから、今年の目標は5ポイント改善して75％だ** |
|---|---|

**数値の取り方／計算式**

実際の稼働時間÷フル稼働の場合の稼働時間

**主な対象者**

事業責任者、生産責任者、営業責任者、オペレーション責任者

## 概要

稼働率は、社内の経営資源がどの程度有効に活用されているかを示す指標といえます。稼働率が低い状態が続くことは、その分、経営資源が遊ぶことを意味し、通常、企業の収益性を圧迫します。稼働率を上げるか、そもそもその資源を削減してコストの低減ができないかなどを考える必要があります。

## KPIの見方

稼働率は、どの状態をフルのキャパシティと考えるかによって数字が変わってきます。設備であれば、無駄のない運転状況を業務時間内続けた場合を100%とすることが多いです。従業員であれば、有休をしっかりとったうえで残業のない状態を100%としたり、企業によっては週に45時間（通常勤務時間37・5時間＋残業7・5時間）を100%稼働としたりすることもあります。

稼働率は、高い方が収益性の観点からはいいように思われますが、長期的に考えた場合は100%以下の数字がベストということもあります。例えば時間貸しの駐車場のスペースが100%稼働しているという状態は、「停めようとしても停められない駐車場だ」というイメージを顧客に与えてしまいます。そこでパーク24などのチェーンは「ちょうど良い稼働率」を設定し、ＩＴの力も借りながら駐車場ごとの稼働率の濃淡がなるべく出ないように誘導しているのです。

## ＫＰＩの使い方

稼働率は先述の事例からもわかるように、あらゆる場面でいろいろな人に用いられるＫＰＩです。それゆえ、目的にあわせ、適切な目標を設定する必要があります。ポイントは先にも記したように「短期のみならず、中長期的にも適切な数値となること」です。もちろん、トラブル対応などで１５０％の稼働率が必要な場合もあるでしょうが、それはやはり緊急時の話です。基本的には、そうした事態そのものの発生も防ぐ手立てを講じつつ、稼働率を安定させる（稼働率の変動を下げる）ことが望まれます。

よく製造現場では「３ム（無理、無駄、ムラ）」を防げ、などといわれますが、３ムを減らすことは稼働率を安定させることにもつながります。そのためにも、需要把握の精度を高め、それにマッチした資源配分を行う必要があります。またプロセスの的確な設計や管理も必要となってきます。

## 補足・注意点

事業特性上、稼働率を安定的に保つのが難しい業界もあります。例えばスキー場は年間で見ればどうしても冬型ビジネスになりますし、冬ですら降雪の状況によっては閑散としてしまう日もあるでしょう。そうした場合は、経営資源そのものに柔軟性も持たせ、「遊んでしまう資源」をなるべく持たないようにする工夫も必要です。アルバイトの活用や人材の多能工化などはその典型です。

### COLUMN

稼働率が予定より下がることは、特に固定費（４０８ページ参照）の比重が高いビジネスを直撃します。その典型はホテルやエアライン、一部の飲食業などです。２０２０年に起きた新型コロナウイルス禍では、まさにこうした業界が大打撃を受け、倒産に追い込まれる企業も多発しました。これほどの異常事態はそうそう起きませんが、常日頃から稼働率の変動に強いビジネスモデルや体制を作っておくことも必要なのです。

**関連ＫＰＩ**

ボトルネックのキャパシティ（処理能力）、繁閑のブレ

WORDS

038

OPERATION

# 納期順守率

**顧客と取り決めた納期を守れた件数の割合**

| KPIの設定例 | 顧客の納期短期化の要望がきつくなっているが、それをすべて満たすのは現実的ではない。従業員の負荷なども考えると、昨年並みの95%がちょうどいい数字といえそうだ |
| --- | --- |

**数値の取り方／計算式**

納期を守った件数÷すべてのプロジェクト件数

**主な対象者**

事業責任者、生産責任者、営業責任者、オペレーション責任者

## 概要

この数字を高め、しっかり納期を守ることはビジネスの基本でもあります。よくQCD（Qは品質、Cはコスト、Dはデリバリー〔納期、数量〕）を守ることが大切だといいますが、どれだけ品質が良くコストが低くても、納期オーバーするようではやはり顧客の信頼を損ねてしまう可能性が高いからです。

## KPIの見方

この数字は通常高い方が望ましいといえます。ビジネスによっては、納期遅れにペナルティが科されることもありますし（例：建設やITシステムなど）、直接ペナルティはないまでも顧客満足度が下がる結果、リピートの確率が一気に下がることにもなりかねません。なお、この数字だけではなく、納期遅れが生じた場合についてはその具体的な日数なども同時に測定します。

納期順守率は通常、顧客にコミットした納期についての数字を取ることが一般ですが、これを社内の業務の受け渡しに援用することもできます。例えば社内のサービスカンパニーが「○○の仕組みを△△までに構築する」とコミットしたならば、それがどのくらい実現できているかで当該の部署の評価の一環とすることもできるのです。

## KPIの使い方

この指標は、全社的にも重要な指標ですし、プロジェクトリーダーにとっても重要な指標です。あるプロジェクトリーダーが特に納期遅れを起こしているとしたら、彼／彼女の評価は当然低いものになります。また、部門横断的、あるいは機能横断的なプロジェクトについて、納期遅れの原因がある部署やプロセスに起因することが多いとしたら（例：営業の見積もりが甘く、最初から無理な納期を顧客に約束している）、その責任者の評価も厳しいものになるでしょう。その意味で、非常に多岐にわたる関係者の協力で初めて向上する指標であり、皆に関係のある指標ともいえます。

この指標は過去の数字や業界平均などを踏まえ、自社の戦略方針なども加味して目標設定します。必ずしも100％が良いわけではありません。過度にバッファ期間を置きすぎてしまい、かえってスピードを削いでいる可能性もあるからです。したがって、顧客の不満を招かない納期の設定ができているかも適切に見極めたうえで、この指標を適切な範囲に設定する必要があります。

なお、人間には楽観バイアス、計画バイアスというものがあることが知られています。これは特に新しいプロジェクトにおいては人々は楽観的な納期やコスト設定をしてしまい、実際にははるかにそれを超過するケースが多いというものです。それゆえ、新規性の高いプロジェクトについては、過去に類似の事例があったプロジェクトとは分けて管理をするのも1つの手です。

## 補足・注意点

この数字が高すぎても問題となる別の理由に、従業員の過重労働を招きかねないということがあります。ＩＴ業界の俗にいう「デスマーチ【＊17】」はその典型です。納期を守ったとしても、顧客に転嫁できない残業代が増えたり、従業員の健康（身体的・精神的）を損ねては意味がありません。過労死などは最悪のケースといえるでしょう。コンプライアンス（法令順守）なども、正しく理解したうえでの納期設定とこの指標の運用が必要です。

**関連ＫＰＩ**

納期オーバー日数、**プロジェクト予算超過率**

〉WORDS〈

OPERATION

# 039

# 提供スピード

**顧客に依頼された製品・サービスを提供するまでのスピード**

KPI の 設定例

**顧客からの試作品要望に対しては、この製品に関しては1週間をめどとする**

**数値の取り方／計算式**

本文を参照。競合の数字を正確に取るのは難しいことも多いが、顧客にヒアリングするなどして推定することは可能

**主な対象者**

事業責任者、プロジェクトリーダー、生産責任者、営業担当者、オペレーション担当者

前項の納期順守率も重要ですが、そもそもの提供スピードが速いということも、このスピード重視の時代には重要です。ライバル企業に比べて提供スピードが速いことは、競争力にもつながります。

## 概要

## KPIの見方

このKPIについては明確な基準があるわけではなく、企業ごとの定義が用いられることが多いです。一番わかりやすいのは顧客から正式提案を受けてから納品までの時間ですが、それだけが企業の対応スピードを表しているわけではありません。例えば、営業の過程で「こんな感じの試作品ってできますか？」との相談を受けたとき、圧倒的な速さでそれを提供できれば、本受注に結び付く可能性は非常に高くなるでしょう。

実際にそうしたスピードを活かして業績を伸ばしてきたのが日本電産です。同社は顧客の相談にのって試作品などを提供するスピードが極めて速く、その結果、商談などもどんどん進んでいきます。そしてライバル企業が提案を持ちかける頃にはそれは的外れなものになってしまっており、顧客は日本電産の製品を前提に物事を考え始めてしまっているのです。

## KPIの使い方

前記の事例からもわかるように、目標の基本はライバルよりも速いことです。日本電産のこだわりまでは真似できないまでも、例えばライバル企業が10日ほどで対応している事柄に対して1週間で対応できればそれは大きなアドバンテージになります。

目標は全社や事業部レベルでも平均値として立てられますが、個別案件ごとに必要な時間は異なることも多いため、平均対応日数もさることながら、「ライバル企業よりも先んじた割合」なども案件ごとに確認していくといいでしょう。特に重要な顧客については、リソースをそこに集中させてスピードを上げ、受注の確度を上げるといった対応も考えられます。

この指標は営業担当者が初期の提案書や、議論に必要な資料を顧客先に提供するようなケースにも援用できます。例えば通常の企業であれば1週間程度資料集めにかかるような件で、それを3日で提供できれば、顧客は「この会社はやることが速いな」と一目置いてもらえる可能性が高くなるのです。

そのためには、単に個々人の能力が高いだけではだめで、適切な権限移譲が必要になります。日本企業にはかなり高い比率で「自分だけでは決められないので、上の者と相談してからお返事します」と顧客にいってしまう文化があります。全体のスピードを決めるのは作業のスピード以上に、こうした確認や相談、意思決定の時間であることは認識すべきでしょう。

## 補足・注意点

いうまでもなく、どれだけスピードが速くても、内容がプアなものだったりミスや不良品だらけでは顧客は評価してくれません。完璧主義はむしろ敵になることが多いのですが、あまりに拙速になってかえって不信感を持たれるような愚は避けましょう。

**関連KPI**

**納期順守率**、不良品率、各プロセスの平均所要時間

〉WORDS〈

040

OPERATION

# 不良品率

製造した製品の中にどのくらい不良品が発生していたかという数字

KPIの設定例

**業界平均といわれる不良品率0.01％に品質を高めよう**

**数値の取り方／計算式**

不良品数÷全生産数

**主な対象者**

生産責任者、品質管理責任者、生産担当者、オペレーション担当者

## 概要

ほとんどの製造現場では、製造効率や収益性を向上させるために「不良品率の低下」を目標の1つに掲げています。この指標の数値が低いほど、良品を無駄なく生産し、顧客にも提供できていることを意味するからです。この指標から、その企業がどの程度積極的に品質管理に取り組んでいるかを推測することもできます。

## KPIの見方

一般的に、この数字は低い方がいいとされます。不良品の多さはコストや納品スピードなどにおける競争力低下に直結するため、特に競争の激しい業界では業績不振の大きな原因となるからです。不良品の廃棄コストや追加生産に要する諸費用が増えれば、製造コストが上昇しますし、また、不良品率の高さはそのぶん良品の生産量が減ることを意味し、約束した納期・数量が守れない、欠品による販売機会ロスが生じるなどの弊害が出るおそれもあります。さらに不良品が市場に出回った場合、消費者がその商品や企業に対して不満や不信感を抱き、再購入を控えたり、競合商品に乗り換えたりするだけでなく、長年かけて培ってきたブランドイメージを損なう可能性もあります。

## KPIの使い方

不良品率は、理想的にはゼロにしたいのですが、それには多大なコストがかかります。そこで、顧客のニーズを見極めたうえで、費用対効果の高い目標不良品率を設定します。商材にもよるので一概にはいえませんが、例えば1万個に1つの不良品率に抑えるのが費用対効果上ベストだ、などと判断します。

ここで注意したいのは、日本企業は往々にしてオーバースペックになりがちだということです。特に製造業では、それを武器に世界で戦ってきたという歴史もあるせいか、必要以上に品質あるいは不良品率の低さにこだわる傾向があります。日本人（日本企業にとっては自国民）が品質にうるさいという傾向もそれを正当化する根拠になります。

飛行機の部品など、それが人の命に関わるような商材であればそれも仕方ないのですが、その必要性が低い場合でも過度に不良品率にこだわるのは得策ではありません。私は過去にある業界を取材した際、製品について以下のような趣旨のことをそのユーザーにいわれたことがあります。「日本製品は本当に不良品はないけど、アジア製のものに比べると5倍は価格が高い。アジア製のものは確かに１００個に1個くらい不良品もあるけど、残った99個が生きていれば問題はないタイプの商材なのだから、日本企業ももっと考えるべきだ」。

市場がどんどんグローバル化する中で、真に適切な不良品率を設定することは、企業にとって決して容易ではないのです。

## 補足・注意点

何をもって不良品とみなすかということの設定も実は簡単ではありません。例えば書籍という商品は、乱丁・落丁といった「モノ」としての不良品以外に、誤字・脱字のミスは必ず数カ所はあるものです。通常は1、２カ所程度の誤字・脱字であれば、書籍としての品質を落とすわけではありませんので、増刷時に直すことで対応すれば十分です。しかし、時には内容に大きな影響を与える誤字・脱字もあります。17世紀の有名な『姦淫聖書』（モーセの十戒の一部で、「not」を落としたせいで「汝姦淫するなかれ（Thou shalt not commit adultery）」が「汝姦淫せよ（Thou shalt commit adultery）」になってしまった）といった極端な例もあります。どの製品のどこにエネルギーを用いるべきかを決めるのは容易ではないのです。

**関連ＫＰＩ**

生産期間、**トラブル件数**、リコール数

WORDS

041

OPERATION

# カイゼン提案数

**特に製造現場や店舗などの現場において、生産性を高めたりコストを減らすことにつながる提案の総数**

| | |
|---|---|
| KPI の 設定例 | 従業員数は同じだが、社内啓蒙を進めることで、カイゼン提案数の昨年比20%アップを目指したい。また、その中で使えるものが昨年の15%を超えたら大成功だ |

**数値の取り方／計算式**
本文を参照

**主な対象者**
経営者、生産責任者、オペレーション責任者

## 概要

改善（カイゼン）はＫＡＩＺＥＮというローマ字でそのまま世界中で通じることからもわかるように、日本が生み出した誇るべき経営手法です。特に製造業においては従業員にカイゼン提案を出すことを強く奨励し、そこから具体的な改善のためのアクションにつなげていることも少なくありません。カイゼン提案数の多さは、その企業の品質に対するこだわりや生産性向上への意思の表れと見ることができます。

## ＫＰＩの見方

カイゼン提案数は多いに越したことはありません。なぜなら提案というものは「量は質に転化する」という側面もあるからです。10件の提案しかなければ「当たり」が含まれる可能性は小さいかもしれませんが、１０００件も提案があれば、そこに一定のインパクトをもたらすものがいくつか含まれる可能性はがぜん高くなるのです。

もちろん、総数だけではなく、従業員当たりの数字もあわせて見るといいでしょう。

## KPIの使い方

カイゼン提案数は全社のものも重要ですが、現場単位でも集計し、比較するとよいでしょう。カイゼン提案で有名なのはやはりトヨタ自動車です。同社では、従業員数が多いことは別にしても、毎年数十万件のカイゼン提案が集まるそうです。使えそうなものはすぐに各工場に横展開されて現場で用いられます。そうしたことが世界的な競争力を誇るトヨタ流生産システムの土台となっているのです。

カイゼン提案数は、単に増えればいいというものではなく、いいものはしっかり現場で活用することが大事です。それがないと結局は現場のモチベーションは上がりませんし、当事者であるという意識も湧かないからです。カイゼンへの意思は組織文化そのものともいえますので、トップを始めとする経営陣が本気度を見せることが必要です。「うちはせっかく報奨金の制度も作ったのにカイゼン提案が来ないね」などとぼやくケースもあるようですが、それは経営陣の本気度の弱さを反映しているのです。その意味では、提案数だけを見るのではなく、経営陣や現場責任者がどのくらい実際にそれを活用したかという件数もあわせて見るといいでしょう。

京セラ創業者の稲盛和夫氏がＪＡＬの再建をした際、年間で数千円程度のコスト削減につながる提案が若手社員よりあったそうです。「その程度で」と思った経営陣もいたようですが、稲盛氏は「こういう提案こそが大事なんだ」と経営陣を戒め、当該の若手社員を褒めたといいます。

ここからも、経営陣の本気度を反映する数字といえることがわかります。

## 補足・注意点

提案数は、合計数も大事ですがバラつきも意識したいものです。一部の社員ばかりが提案をして他の社員はゼロといった温度差があるのは好ましくありません。1人でも多くの社員が当事者意識を持ち、何かしらの提案をする状態がより望ましいといえるでしょう。カイゼンのうまい企業では、提案フォームをフォーマット化し、また情報を上げるルートなども明確化することで総数を増やしています。

**関連KPI**

**不良品率**、提案採用率

WORDS

042

OPERATION

# トラブル件数

**そのビジネスにおいて、重大な損失を招きかねないトラブルの件数**

KPIの設定例

**過去の自社の状況から考えても、年に1件程度のトラブルまでなら許容範囲だろう**

**数値の取り方／計算式**

通常、発生件数ベースと報告件数ベースの両方でカウントする

**主な対象者**

経営者、生産責任者、オペレーション責任者、広報担当者

## 概要

何をもって重大なトラブルとみなすかは業界や企業によって異なります。自動車業界であればリコールや自動車に起因する運転中の事故などが該当するでしょうし、私立大学であれば教員や学生の不祥事、個人情報の漏洩、学内での事故、ブラック労働による訴訟などが該当するでしょう。これらは組織の評判を下げるだけではなく、トラブルシューティングにトップの多大なエネルギーを費やさせるなど、直接的、間接的にダメージを与えることになります。

## KPIの見方

一般論でいえばトラブルは少ないに越したことはありません。業界ごとに報告義務があり比較が容易なもの（例：リコール件数など）については、まずは競合以下にこの数字を収めることが必要です。

また、自社でコントロール可能なものだったか、極めてそれが難しかったかの区分けも大事です。例えば東日本大震災時の福島第一原発の件も、どこまでを東京電力の責任とすべきだったかは容易に決められません。

べき論としてはゼロを目指したいところですが、人間が行う営みである以上、トラブルが起きないということはまず稀でしょう。業界他社の状況や経年比較も踏まえつつ、減らす努力をするのが一般的です。

ただ、現実的には難しい面もあります。よくあるのはトラブルがあったにもかかわらず、それをもみ消し、上層部には報告しないというパターンです。なまじトラブル数を評価項目にした場合などにこうした事態は起きやすくなります。例えばセクハラやモラハラといったやや主観的な案件について、本来は報告すべきところ、本人に直談判するなどしてなかったことにしてもらうという人は多いかもしれません。しかしこうしたことが蔓延すると、さらに大事（例：自死や週刊誌沙汰など）になることもあるのです。

また、トラブルを防止しようとして過度なルールを設けることも善し悪しです。例えば私立の中学校や高校では、厳しい校則を設ける学校が少なくありません。「飲酒・喫煙禁止」といったものは内容的にも妥当でしょうが、「男女交際禁止」あたりになると、人権的にも問題ですし、人格の形成上も好ましいといえないかもしれません。「ＳＮＳ禁止」「ＬＩＮＥ禁止」なども、情報リテラシー教育の観点からは微妙です。必要以上に過度なルールを設けて萎縮を招くことも望ましくはないのです。

### 補足・注意点

トラブル件数も大事ですが、そのトラブルにいかに対応したかが企業の評判を左右することも忘れてはいけません。通常のクレーム対応もそうですが、そこで誠実に対応するか、不誠実に対応するかが、尊敬される企業とそうでない企業の分水嶺となるのです。

COLUMN

トラブルにうまく対応した例として有名なのが、ジョンソン・エンド・ジョンソン（Ｊ＆Ｊ）のタイレノール事件におけるアクションです。これは、同社の「タイレノール」という薬剤に店頭で毒が混入されるという事件でした。このとき、Ｊ＆Ｊは自社の責任ではなかったにもかかわらず、多額の費用を投下し、製品をすべて市場から引き上げました。そして毒が混入できないようなパッケージにして市場に再投入したのです。瞬間的にはコストがかかったものの、「さすがＪ＆Ｊ」と評判が高まり、むしろ従前よりもブランドイメージが向上したのです。

**関連ＫＰＩ**

リカバリーに要した時間、ダメージ額、**ヒヤリ・ハット報告数**、ブランドイメージ

WORDS

043

OPERATION

# ヒヤリ・ハット報告数

**ヒヤリ・ハットとは、重大なトラブルや軽微な事故には実際至らなかったものの、「もしかしたらそういう事故につながったかもしれない」と感じた事柄の件数**

KPIの設定例

**去年は50件のヒヤリ・ハット報告があった。しかるべき手は打ったはずだから、それより減るといいのだが**

**数値の取り方／計算式**

本文を参照

**主な対象者**

経営者、生産責任者、オペレーション責任者

## 概要

この指標を理解するうえでは、俗に「ヒヤリ・ハットの法則」とも呼ばれる「ハインリッヒの法則」を理解しておく必要があります。これは、1件の重大な事故の背景には、29件の軽微な事故と、300件のちょっとした異常（ヒヤリとしたり、ハッと青くなったこと）が存在するという経験則で、発見者のハーバート・ウィリアム・ハインリッヒの名に由来します。つまり、報告が適切になされているのであれば、300件もこの報告があると、重大な事故が起きうるほどの環境にあると判断できるわけです。

## KPIの見方

この数字は低いに越したことはありません。ただし、実務的に難しいのは、そうした報告は必ずしも上がってこないということです。本来は日頃からそうした報告を奨励し可視化することでクリティカルな事故に至らないようにすることが大切なのですが、「報告をしたら怒られるのではないか」「報告をするまでもないだろう」といった従業員側の判断が入る結果、実態以上に少なく見えてしまうのです。

## KPIの使い方

工場や建設の現場、あるいは交通機関や病院など、トラブルが人の生死に関わる業界では比較的早くからこの指標が重視されてきました。そして実際に重大な事故が起こる前にそれを回避する手が講じられてきました。人の生死は経営マターですから、こうした職場では、現場のリーダーのみならず、経営者もこの指標を重視してきました（もちろん具体的な内容にも注意をむけます）。そうした組織では「ヒヤリ・ハットは報告するもの」という意識が浸透していることが多く、純粋にそれが減るように手立てを講じることができます。

難しいのは、経営的に重要であっても、必ずしも人の生死に関わるような事故には至らないような業界での運用です。例えば英会話教室などはその例で、ちょっとしたトラブルがあったからといって、先述した現場とは異なり、直接人の死を招くわけではありません。一方で、個人情報の漏洩などは経営的に非常に大きなダメージを与える可能性があります。これからはそうした企業であっても、ヒヤリ・ハット（例：メールで個人情報の入った内容を誤送信しそうになった）を報告し、つぶしていくことが望まれます。

### 補足・注意点

ヒヤリ・ハットの報告を促す際のポイントとして、個人攻撃や犯人捜しに走らないことが重要です。つまり、個人のせいではなく、それを誘発したシステムの方に問題があると考えるわけです。トヨタ自動車ではこの発想が徹底しており、それが同社の高い生産性にもつながっているのです。

筆者の聞いた話ですが、トヨタ自動車のある海外工場の生産スタッフは、あるときラインを自らの判断で止めました。企業によってはそれを非難されることもあるのですが、その社員は「ラインを止めてくれてありがとう」といわれ、非常に感激したそうです。

**関連KPI**
トラブル件数

〉WORDS〈

044

OPERATION

# プロジェクト予算超過率

**当初のプロジェクト予算を超過してしまった度合い**

KPI の設定例

**このプロジェクトは過去に類似の経験があるから、予算超過率は95％から105％の範囲で収まればまずは合格点といえるだろう**

**数値の取り方／計算式**
実際の予算額÷当初想定した予算額

**主な対象者**
プロジェクトマネジャー

## 概要

この数字が高いということは、もともとのプロジェクトのコスト見積もりが甘い、あるいはプロジェクトの進捗管理がしっかりしていないなど、その企業のプロジェクトマネジメント能力の低さを表します。

プロジェクトはあらゆるレベルのものに援用できますが、特に巨額の投資となりやすいＩＴプロジェクトや、オフィスの移転／建設プロジェクトなどでこの数字は重要となります。また、ビジネスそのものがプロジェクトの集合ともいえるＳＩｅｒやエンジニアリング会社にとってもこの数字は重要な意味を持ちます。

## ＫＰＩの見方

この数字は一般には低い方がいいように思われますが、低すぎるのも問題があるケースがあります。例えばあるシステム関連のプロジェクトで60％の予算しか使わなかったとしましょう。そのプロジェクト単体で見ればこれはいい話に見えますが、その予算を確保しようとして、本来手掛けていたらよかった別プロジェクトの予算にまでお金が回らず、その別プロジェクトへの着手が遅れてしまったりということがあるからです。

その意味ではちょうど１００％近くになることが、事前見積もりの正確さも反映していていいように思えますが、それにも問題があるケースがあります。つまり「せっかくの予算を使い切らないともったいない」などと考え、必要性の低い追加発注などをしているケースもあるからです。

## ＫＰＩの使い方

この指標を意識すべきはやはりプロジェクトマネジャーです。ただし、予算は守っても納期遅れや品質に問題があっては意味がありませんので、いわゆるＱＣＤをバランスよく達成することが求められます。そのため、納期オーバー日数などと同時並行で活用されることが多い指標です。また、全社的には、（どこまでのプロジェクトを含めるかは要検討ですが）会社全体としてどのくらい予算をオーバーしたプロジェクトがあるかを時系列で把握しておくことも有効です。

予算超過率（特に社内のプロジェクト）はライバル企業と比較することが一般には難しいため、自社の過去の数字やプロジェクト間での比較が重要になります。ここで難しいのはそれまでに経験のないタイプのプロジェクトを行う場合です。類似のプロジェクト経験がある場合は過去の実績からそれほど大外れしない予算が導けることが多いですが、新規性の高いプロジェクトの場合、２２２ページでも触れたように、「計画バイアス」と呼ばれる、根拠のない「まあ、何とかうまくやれるだろう」というバイアスが生じることが知られています。その結果、予算超過１００％超ということがしばしば起きます。先述したように過度に保守的になるのも問題ですが、逆に楽観的になりすぎないよう、多面的にチェック機能を働かせることが重要です。

## 補足・注意点

以上からもわかるように、この数字自体は、どの数字がベストかとはいえない部分が大です。先に挙げた例以外にも、下請けに無理難題を押し付けて予算を何とか死守したとしても褒められたことではありません。また、社内ではコントロールできない要因で予算を超過するケースも多々あります。あるエンジニアリング会社では、アメリカのプロジェクトにおいて、巨大タイフーンの影響や（予想外だった）トランプ政権誕生による移民規制などで熟練工の確保が難しくなった、などということもありました。数字は数字で管理しつつも、その内容をしっかり検討する必要性の高いＫＰＩといえます。

**関連ＫＰＩ**
納期超過日数、追加発生費用、プロジェクト後のユーザー満足度

WORDS

045

OPERATION

# ロボット化率
## （機械化率）

**業務プロセスをロボット（機械）で置き換えたプロセスの比率**

KPIの設定例

**営業のSQLまでのプロセスは、SFAの比率を60%に上げることを目指そう**

**数値の取り方／計算式**
本文を参照

**主な対象者**
経営者、事業責任者、IT責任者

## 概要

ロボットとは、狭義には生産現場などにおける産業用ロボットを指しますが、より広義にはコンピュータやＩＴの力でそれまで人がやっていた仕事をロボットに置き換えるもの全般に当てはまります。銀行のＡＴＭなどもその意味で広義のロボット化といえるわけです。投資銀行がトレーディング業務をほとんどコンピュータ任せにしたのも同様です。

人口が減り、しかもテクノロジーが進化する中で、ロボット化を進めることは必須の流れといえます。この数値の高い企業はそうした時代の潮流に乗った企業といえるでしょう。

## KPIの見方

この指標は、どこまでをロボット化されていない状態とみなすかで少し変わってきます。例えば電卓もそろばんのロボット化と捉えられなくはないですが、それはやや極端です。常識的に「それまで人がやるのが当たり前だったプロセスを、どのくらいロボットに置き換えたか」で見るといいでしょう。他社との正確な比較は難しいですが、自社内では定義を明確にしたうえで、毎年上げていくことが望まれます。

## ＫＰＩの使い方

この指標は生産や物流（ロジスティクス）といった、「機械で置き換えたこと」が明確な部署、いい換えれば身体的な作業が見極めやすい部署で多用されてきました。例えばロボット化率が25％の工場で、２０２５年までに50％を目指すなどです。先進的な工場ではすでに99％のプロセスをロボット化しているところもあります。

ただ、近年はＡＩの進化もあって、ＲＰＡ（Robotic Process Automation）やオートメーション化が進んでおり、その影響はそれまで定型化が難しかったホワイトカラーの業務にも及んでいます。例えば営業であれば、１２５ページで触れたようにＳＦＡ（セールスフォースオートメーション）のソフトを活用して見込み顧客のナーチャリングを行い、途中で人的販売に切り替えるなどです。そうした企業においては、そこまでのプロセスをどのくらい機械に置き換えたかという「ハイテク営業比率」をロボット化率とほぼ同じ意味で用いる場合があります。

世の中はＤＸ（デジタルトランスフォーメーション）の時代です。機械に置き換えられるものはどんどん機械化されていくでしょう。これからは、生産や物流、あるいは営業といった部署以外でも、ロボット化率と同等の意味を持つ指標が設定され、どこまでＤＸが進んでいるかの目安となることが予想されています。ただし、ロボット化は同時に人員の配置転換なども必要とすることが多いため、その目標設定に当たっては、戦略面のみならず、人事的な側面なども勘案する必要があります。

## 補足・注意点

ホワイトカラーの業務の機械化は、当初は一定のトラブルも発生するものです。例えば採用にＡＩを活用してスクリーニングを行おうとしたところ、過去の機械学習が不適切で、好ましい結果が得られなかったなどです。ただし、そこでひるんではＤＸは進みません。トラブルから学びながらもリーダーシップを発揮することが経営者には求められます。ＤＸはトップレベルの強いコミットメントがないと成功しないことが、さまざまな調査からわかっているからです。

**関連ＫＰＩ**
資本分配率、ハイテク比率

WORDS

046

# 商品ロス率

**本来売上げにつながりうる商品が何らかの理由でロスになった比率**

KPIの設定例

**うちの店は管理が弱いせいで廃棄ロスが多すぎる。せめて3年以内に業界平均並みにまでこの数字を改善しよう**

**数値の取り方／計算式**

本文を参照

**主な対象者**

事業責任者、オペレーション責任者、サプライチェーンマネジメント責任者

## 概要

この数字は一般には低い方がいいといえます。気をつけたいのは、業界によってロスの主な理由が異なる点です。製造業であれば出荷後の事故による破損（その意味で不良品とは異なります）や物流過程での紛失や盗難、小売業であれば廃棄や万引き、飲食業では廃棄がその主要な要因になります。

## KPIの見方

業界による差異はありますが、ここでは小売業を例にとりましょう。小売業のタイプにもよりますが、概ね1％から3％程度がロス率の1つの目安とされます。小売業界では大きく「廃棄」と「その他」に分け、さらに「その他」を「外部要因（万引きなど）」「内部要因（従業員不正）」「不明」などとして分類します。

ロスの原因は商材による差異が大きく反映されます。例えば書店は委託販売（売れない書籍や雑誌は取次に返品できる）という制度の関係で廃棄ロスは少ないですが、万引きの被害が多くなっています。特にコミックのカテゴリーでは高いとされます。ドラッグストアなども万引き被害の大きな業界です。一時期のマツモトキヨシのように「万引き上等」ともいえる陳列で顧客を集めた例もありますが、やはり例外です。一方、生鮮食品を扱っている商店などでは、やはり賞味期限切れによる廃棄ロスの比率が増えます。

## KPIの使い方

先述の通り、業界や商材などで原因は大きく異なってくるため、単にロス率という合計で見るだけではなく、商材別や重要なロスの原因別など、細分化して測定・管理する必要があります。

この数字の設定に当たっては、過去のトレンドや業界で平均とされる数値をまずは参照します。例えばスーパーでは青果の廃棄率は平均で3・5％程度、総菜は10％程度とされていますので、まずはそれを意識します。

多店舗展開している小売店や飲食店の場合、店舗間でのロス率の比較も非常に重要です。例えばある店舗で明らかに廃棄ロスが多い場合、発注見込みの甘さや陳列の不徹底（賞味期限の早いものほど前に出して並べるという基本を怠っている）などが考えられますので、店長や売り場責任者にしかるべく指導することが必要となります。一方で、廃棄ロスを恐れるあまり在庫を持つことを躊躇しすぎると、今度は販売機会ロスが生じ、全体の売上げを減らすことにもつながりますので、適切な範囲の数字を模索することも必要です。

## 補足・注意点

ロスの削減はいつまでも人手に頼ると人件費がかさんだり、店舗ごとのばらつきが出るという問題があります。例えば万引きであれば、昨今はデバイスの価格も下がっていますので、チップの埋め込みとアラーム機器で対応するなど、全社的に取り組む方が効果も出やすく、店長に対する心理的プレッシャーを低減することにもつながります。顧客からしても「ちょっとカバンの中を見せてください」などと勘違いしていわれるより、機械の誤作動の方が印象は悪くないものです（もちろん程度問題ではあります）。

回転寿司チェーンのスシローは、ベルトコンベアに流す寿司について、ビッグデータとＡＩを用いた需要予測システムを使用しています。回転寿司の皿にＩＣチップをつけて単品管理し、過去の膨大なデータも活用して1分後と15分後に必要なネタと数量を予測します。それを見て職人が寿司を握るのです。これにより、従前の経験に頼る方法に比べ、寿司の廃棄量を75％カットすることができたといいます。適切な機械化は非常に大きな恩恵をもたらすといえるでしょう。

**関連ＫＰＩ**

廃棄ロス率、万引き数（金額）

WORDS

047

OPERATION

# 売上高物流費率

売上高に占める物流関連費用の比率

KPIの設定例

**わが社の売上高物流費率は競合に比べて1ポイントは低い。物流で付加価値を出せるビジネスでもないから、このアドバンテージは維持しよう**

**数値の取り方／計算式**

物流関連費用÷売上高

**主な対象者**

経営者、事業責任者、オペレーション責任者、物流担当者

## 概要

物流は見落とされがちですが、競争優位の源泉になることも少なくありません。その典型は、かつてのウォルマート（リアル店舗で全米ナンバー1）、近年ではEコマースのアマゾンでしょう。両社とも積極的に物流に投資することで顧客に対する利便性を増し、シェアを拡大してきたのです。

この数値が業界標準に比較して高い会社は、積極的に物流に投資している企業か、逆に物流のマネジメントがプアで売上げに対する比率が上がっているかのどちらかといえるでしょう。

## KPIの見方

この数値は業界によって差が出ますので、業界平均との比較が大切です。日本の製造業の場合、概ね4、5％とされていますが、比較的安価な商材や、「足の早い商材」を扱うとこの数値が上がる傾向があります。食品や紙・パルプなどはその典型です。逆に精密機器などは「嵩張らない割に高額」な商材ということもあって、物流費の占める割合は高くありません。

製造業に比べると、小売業などはずっと物流費の比率が高まります。業態的に高いのはやはり通信販売で、商材としては生鮮食品などが高めになります。

近年浸透してきたデジタル商材（動画サービスなど）などは、物流費がほとんどゼロに近い企業もあります。

## KPIの使い方

昔から物流は「（コスト削減の）宝の山」とされ、いかに効率化するかに目が向きがちでした。トラックの積載率を高めたり、より物流費用が安い業者を探すということがよく行われていました。

しかし、それを全く変えてしまったのが先述したアマゾンです。21世紀初頭には10％を超えていた売上高物流費は、一時期６、７％程度にまで下がったそうですが、近年ではフルフィルメント・バイ・アマゾン（ＦＢＡ）のサービスを展開したこともあり、物流費率は再び10％を超えるまでになっています。ＦＢＡはアマゾンの物流拠点に商品を預けるだけで、商品の保管から注文処理、配送、返品に関するカスタマーサービスまでアマゾンが代行するというものです。

この例からもわかるように、売上高物流費率は、単に物流担当者が減らすことを目指す数字ではなく、経営者や事業部長が戦略とともに設定する数字に変化しつつあります。

## 補足・注意点

物流は、内製か、アウトソースするかという課題が常に付きまといます。その分水嶺となるのはやはり稼働率です。戦略的に投資したとしても、その稼働率を高め、単位当たりのコストを下げる努力は常に必要なのです。

COLUMN

経営戦略論の大家であるマイケル・ポーター教授は、物流バリューチェーンのフレームワークを提唱した際に、物流を購買物流（製品の原材料や商品を外部から調達して貯蓄・配分する活動）と出荷物流（完成品を顧客に提供する活動）に分けました。例えば自社が原材料や商品の提供者に対して強い立場にあるのであれば、それぞれの原材料や商品の出荷物流を彼らに負担してもらうことが可能となり、その分コストの削減ができるのです。

**関連KPI**

物流費、物流外注費、顧客への平均配送日数

〉WORDS〈

INNOVATION

048

# 売上高
# 研究開発費率

売上高に対する研究開発費の比率

KPIの設定例

**イノベーティブな商品開発が必要だから、まずは50億円の研究開発費は確保した。今年の売上予測を勘案すると、これは5％に相当する。予想以上に売上げが伸びるようなら、増分の5％を研究開発費に割り当ててもらおう**

**数値の取り方／計算式**

研究開発に要した費用÷売上高

**主な対象者**

経営者、研究開発責任者（技術責任者）、事業責任者

## 概要

この指標は特に製造業や研究型のＩＴ企業などで重視される数字です。一般的に、この数字が高いことは新製品の開発に旺盛に取り組んでいることを意味します。事実、技術競争が激しい業界や、技術を軸にコア・コンピタンス【＊18】や競争優位を築いている企業では、数値が高くなる傾向があります。それに対して銀行などの業界ではこの費目自体がないこともあります。

## KPIの見方

この指標は業界他社との比較が大切です。ただ注意点もあります。同じ業界であればこの数字が大きいほど研究開発に熱心といえそうですが、この指標はあくまで率なので、実際の研究開発額もあわせてウォッチしておくことが必要です。例えば製薬業界では、医科向けの新薬を１つ開発するためには、現在１０００億円の研究開発費がかかるとされています。これはどのような薬であってもそう変わりません。期間も10年以上を要します。したがって、仮に売上高研究開発費率が同じ10％だとしても、売上高10兆円の企業と５０００億円の企業では、その研究開発費の額は大きく異なり、新薬開発の成功率も大きく変わってくるのです（医薬品業界でＭ＆Ａが盛んなのはそうした背景もあります）。

なお、当然のことながら、この指標の数値が高いからといって、技術的な成果や売上げや利益が約束されるものではないという点には注意が必要です。時には非常に小さな研究開発投資で大きな成果が生まれることもあります。ノーベル賞を受賞した中村修二博士が青色発光ダイオードを開発して間もなくの日亜化学工業などはその典型です。

## KPIの使い方

この指標は会社全体としても事業部レベルでも設定します。設定に当たっては、先述のように業界他社との比較や経年変化、戦略などを勘案しながら設定します。例えば自社の戦略を「画期的な新技術は追わず、既存技術を軸に商品展開を行う」などと変更すれば、この指標の目標も変わるということです。実際にこうした戦略によって、この数値を低い水準に抑えている企業もあります。医薬品業界ではジェネリック医薬品に特化した企業などがその例です。

なお、研究開発は将来の収益基盤を創造するための活動なので、設備投資などに比べ、景気の影響などを受けて大きく変えるべきではないという意見がかつては多数派でした。「うちは研究開発費が多い」ということが採用の際に優秀な技術者・研究者を引き付ける武器ともなるという側面もありました。それゆえ固定費的性格が強い費用でもありました。

この傾向は今でも残っていますが、近年ではそうした「聖域」にもメスを入れ、研究開発に効率性や採算性を求める動きも盛んになっています。近年増えてきたオープンイノベーション（277ページ参照）などは、極力研究開発の効率を上げようとする動きと捉えることができます。

## 補足・注意点

業態にもよりますが、研究開発費の多くを占めるのは研究員の人件費です。それゆえ、この比率や実額を下げるという方針を出すことは、研究者のモチベーションを下げる危険性があります。

また、オープンイノベーションも長い目で見ると自社の研究開発力を下げるケースがあるという研究結果もあり、適切な数字の設定は容易ではありません。ただし、放っておくと現場からの研究開発費の増額要求はとどまることを知りませんので、やはり歯止めは必要です。

**関連KPI**

研究開発額、**開発期間**、研究者数

WORDS

049

INNOVATION

# 特許数

**新たに取得した特許の数、あるいは有効な特許の総数**

| KPIの設定例 | 今年重要な特許が5本切れるから、仕掛中の研究から何とかそれを補うべく5つの特許はとりたい |
|---|---|

**数値の取り方／計算式**

本文を参照。他社の数字も公的資料より調査することは可能

**主な対象者**

研究開発責任者（技術責任者）、知財責任者、研究開発担当者

## 概要

特許は研究開発が重要なビジネス（製造業などが典型的）においては重要な要素です。特にニーズの高い商品について基本的な特許を数多く持っていることは、その企業の競争力の高さや、それを支える研究開発陣の優秀さを示します。

## KPIの見方

この指標は、定義からもわかるように、新規のものと過去からのストックの両面で見るのが一般的です。特許には年限がありますので、過去にたくさん特許をとった時期があった場合、それ以下の新規特許しかとれなければストックは減ることになります。

また、特許にも、新規の特許と改良特許、要素技術に関わるものと生産プロセスに関わるものなど、いくつかの種類があるので、企業の戦略にあわせてブレークダウンしてみることも必要です。例えば基礎研究にはそれほど力は入れていないものの生産に力を入れている企業であれば、生産プロセスに関する特許の方がより重要と考えるなどです。

## KPIの使い方

一般的にこの指標を気にするのは研究開発部門です。通常は企業戦略や過去のトレンドなども勘案して、競争力を維持できる特許数を検討し、それを目標に設定します。中央研究所がある企業の場合、その業績評価の項目として新規に取得した特許の数が盛り込まれることが少なくありません。研究所の中にいくつかの研究グループがある場合、グループごとに目標特許数が割り当てられることもあります。研究開発は他の事業活動よりも長いスパンで考える必要があるため、単年度の数字に過度にこだわるというよりは、比較的中期的なスパンで評価される傾向があります（企業や業態によって異なります）。

特許数が多い企業は研究開発に熱心であるとともに、研究環境が良好なことを示すことが多いため、研究開発畑の従業員の採用の際の武器にもなります。これは論文数なども同様です。

ストック面の特許数に目を向けると、近年は外部から特許を買う（あるいは他社に特許を売る）という動きも活性化しています。研究開発部門のリーダーや知財部門のリーダーなどは、こうした状況も鑑み、社内で開発された特許だけではなく、特許の売買数なども目標設定することが増えています。

なお、特許には強い特許と弱い特許があります。強い特許とは、企業の業績に貢献し（自社製品の売上げにつながり、ライセンス供与先からの特許収入なども大きいなど）、かつ容易に模倣されたり代替手段が出てこないような特許です。かつてコピー機市場をゼロックスが独占できたのは、そうした強い特許をたくさん持っていたからです。それゆえ、特許の数のみにこだわるのではなくその質を見ることも大切です。

## 補足・注意点

一般的に研究者という職種は、企業の業績よりも論文数や特許数の方に関心が高いという人の比率が高い傾向があります。それゆえ往々にして個人の関心に走ってしまい、「知的には面白いけど、強くない特許」ばかりを追い求めることが稀にあります。また、個人やチームレベルの評価で特許数をあまり強調しすぎると、企業の業績にはそれほど寄与しない、とりやすい特許ばかりをとろうとすることもあります。チームリーダーや研究部門のリーダーはそれも意識して目標設定し、適宜指導する必要があります。

**関連ＫＰＩ**

論文数、特許収入、クロスライセンス件数

WORDS

050



# 新製品数

**その期（通常は1年間）に新規に市場導入された新商品の数**

KPIの設定例

**現在のパイプラインから考えて、1年以内に6つは新製品が出るのは確実だ。これに別ルートの新製品を加え、8つは新製品を出すことを目標にしよう**

**数値の取り方／計算式**

本文を参照。BtoCの場合は他社の数字も取りやすい

**主な対象者**

経営者、事業責任者、研究開発責任者（技術責任者）、製品開発担当者、マーケティング担当者、営業担当者

## 概要

どのような製品にも通常はプロダクトライフサイクルというものがあります。ライフサイクルの長さはビジネスによってそれぞれですが、昨今はあらゆる業界でそれが短期化しており、それゆえかつてより速いスピードで新商品を出す必要性が増しています。新商品がコンスタントに出ている企業は一般に市場対応力や製品開発力が優れていると考えられます。

## KPIの見方

この指標は、概念自体は非常にシンプルなのですが、「何を新製品とみなすのか」ということの意識合わせは必要です。例えばカルビーという会社には「ポテトチップス」という超強力な定番製品があります。特にコンソメ味などは長年にわたる売れ筋です。仮にそこに「ポテトチップス 薄口コンソメ味」という製品を市場導入したとして、それを全くの新製品（例えば二十数年前に初めて「じゃがりこ」という製品が出たとき）と同列とみなすかどうかは意見が分かれるところでしょう。

過去の製品のエッセンスを9割程度残してリニューアル商品を出した場合も、それを純粋な新製品とカウントするかは微妙です。必要な手間暇やイノベーションの度合いなども勘案し、「何を新商品と考えるか」の線引きをしっかり行ったうえでこの数字を見る必要があります。あるいは、最初から「全くの新商品」「派生商品」「リニューアル商品」などと細分化してみるのも1つの考え方です。

## KPIの使い方

この指標は全社的にも意識されますし、事業部長や製品開発担当者、マーケティング担当者などが強く意識する数字です。一般には、業界の重要なライバル（例：アサヒビールならキリンビール、東京海上日動火災保険ならＳＯＭＰＯやＭＳ＆ＡＤなど）との比較が非常に重要となります。

目標設定に当たっては、そうした要素や、先述したように、既存の製品がプロダクトライフサイクルのどの段階にあり、今後の売上げがどう推移しそうかという予測などが勘案されます。

なお製品開発に要する期間はビジネスによって全く異なります。航空機のように非常に長い業界もあれば、出版社（特に雑誌やムック）のように比較的短い業界もあります。それゆえ、ＰＤＣＡのサイクルもそれを反映したものになります。

また、特に開発期間が長いビジネスでは急に新商品は出ませんので、開発パイプライン（例：基礎研究↓製品化研究↓量産化準備↓マーケティング検討中など）の各ステージに現在いくつの仕掛案件があるかを正しく認識しておくことも必要です。

### 補足・注意点

一般には新製品数が多いことは望ましいことですが、時にはチャネルや顧客の強い声に負けて必要性の薄い新製品を出すというケースもあります。例えばＢｔｏＢのビジネスで重要顧客向けに特注製品を作ったものの、他社には売れない、といった例です。経営資源は限られていますので、真に競争力強化や成長につながる製品開発にフォーカスできているかを吟味することも必要です。

**関連ＫＰＩ**

新製品の売上高比率、開発期間

WORDS

051

INNOVATION

# 開発案件数

**商品化（あるいは既存サービスの拡充のためのアイテム化）に向けて開発が進められている案件数**

KPIの設定例

**新年度は年間で6本の新作アニメは出したい。過去の実績から考えると、そのためには30本程度の企画書が上がってこないと難しいな**

**数値の取り方／計算式**

本文を参照

**主な対象者**

事業責任者、研究開発責任者（技術責任者）、製品開発担当者、マーケティング担当者

## 概要

他企業とアライアンスを結んだといったケースを別にすれば、特に製造業やコンテンツビジネス（ゲーム、映画、書籍など）では開発というプロセスを経ることになります。業態にもよりますが、開発案件数の多さは最終製品の数の多さや質（量が多い方が、良いものが含まれる確率も上がる）にもつながりますので、企業内でどのくらいの開発案件があるのかを把握しておくことは、そうしたビジネスでは非常に重要になります。

## KPIの見方

この指標は業態や、何を「案件」とみなすかで大きく変わってきます。特に製造業では基礎研究も行っていることが多いのですが、どこからを案件とみなすかは企業によっても大きく変わってきます。一般にはある程度最終製品をイメージした「テーマ」となった段階で案件とカウントすることが多いようです。一方、映画や出版などは、ジャストアイデアのものまでを企画と考えると多すぎることになるため、企画書レベルになったものを案件数と考えるといいかもしれません。

開発案件数は一般にはパイプラインのどこにあるかを意識して、それごとに把握するケースも多々あります。書籍出版中心の出版社であれば、「企画書段階～執筆前段階のものが○○件」「執筆開始～執筆が軌道に乗るまでの段階のものが△△件」「執筆が軌道に乗る～初稿段階までのものが□□件」「初稿～ゲラ段階のものが◇◇件」「ゲラ～発売段階ものが☆☆件」などです。

## KPIの使い方

この数字は開発に関わる部門の人間や事業部長などが意識する数字です。例えば過去の数値などと比較してパイプラインのどこかが減少している場合、あるいはパイプライン全体のバランスを見てどこかが細っている場合、それは将来新製品の数が減ったり、新製品の発売時期にムラが生じる（それゆえ従業員の繁閑にも影響を与える）ことを意味し、好ましいこととはいえないでしょう。

それゆえ、目標設定に当たっては、目標とする新製品数やその売上高などを意識したうえで、過去の「開発案件が最終製品化された当たり率」の実績なども勘案し、「パイプラインのこの部分には概ねこのくらいが入ることを定常の状態として目指そう」などといったやり方をします。

案件ばかりが増えても製品化、さらには売上げにつながらなければ意味はありませんので、その案件が製品化された場合の期待売上げやその確度、さらには自社の戦略との合致度なども同時に検討すべき内容といえます。

## 補足・注意点

昨今は働き方改革の影響などもあって減りましたが、かつては「闇研」と呼ばれる「コッソリ研究」から生まれたヒット製品もありました。今でも3Mやグーグルのように勤務時間の一定比率は自由に使っていいという企業もあります。KPIであまり管理しすぎると、創造性を阻害したり、「尖った」アイデアが出にくくなるという点も意識してマネジメントを行う必要があります。

**関連KPI**

次のプロセスへの通過率、売上高研究開発費率、新製品数

WORDS

052

INNOVATION

# 社外シーズ比率

**社外で開発がスタートした案件の比率。商品化に向けた案件数、量産化検討中の案件数、製品数、売上げなど、さまざまなレベルで設定可能**

KPIの設定例

**豊富なコンテンツが必要な自社としては、30%は外部のコンテンツを利用しよう**

**数値の取り方／計算式**

本文を参照

**主な対象者**

事業責任者、研究開発責任者（技術責任者）、製品開発担当者

## 概要

近年、オープンイノベーションが叫ばれています。つまり、外部で開発された技術や商品などを買収したり提携するなどして社内に取り込み、開発期間の短縮化や事業拡大のスピードアップを図るのです。この比率が高いことは、積極的に外部の知恵を活用している企業といえるでしょう。なお、シーズとはもともと種の意味で、最終的な事業や製品につながる技術のことを指します。

## KPIの見方

この指標は定義を揃えにくいこともあり、企業間比較が難しい数字です。それでも「コネクト＆ディベロップ」戦略で有名なＰ＆Ｇ社は、「オープンイノベーション推進のため、外部との協力によるイノベーションを50％にする」といった、常識的に考えても高い目標設定をしています。一方で、オープンイノベーションを推進しすぎたことで、Ｐ＆Ｇ本体のＲ＆Ｄ力が弱まったとする意見などもあり、その適度なバランスは難しいものがあります。

この数字はまた「年間の件数」といったレベルだけで見ると判断を誤る可能性があります。例えば製薬メーカーであれば、海外の企業を丸ごと買収したという案件と、通常の大学との提携を同じ次元では語れないでしょう。製品開発のパイプラインのさまざまな段階で見ること、そして中長期的な視点も盛り込むことが大切です。

## KPIの使い方

この数字を特に意識するのは研究の責任者や事業部長などでしょう。営業部門などは、売れさえすれば自社開発製品にこだわらない傾向がありますので、この指標にはあまり意識を向けないことが多いです。

先述したような理由もあって、この数字の目標をどこに定めるとその会社にとってベストなのかの設定は容易ではありません。現実的にはこのKPIそのものは参考数値的に扱い、開発案件数や新商品数、開発期間などをより重視している企業が多いようです。こうした指標を上げようとすれば自ずと社外シーズにも目を向けざるを得なくなるからです。

とはいえ、技術者にはNIH（Not Invented Here）症候群という、社外シーズを軽く見る（見たい）という傾向があります。その傾向が強すぎるようであれば、社外シーズ比率をあえて明示的に示し、昨対比で○○ポイントアップといった形で、達成すべきKPIとして提示するのも1つのやり方です。

### 補足・注意点

社外シーズはさらにタイプ別に分けると状況の可視化が進みます。例えば「企業買収」「特許等の取得」「製品やコンテンツの取得」「企業間提携」「大学との提携」他に分けるなどです。

COLUMN

技術的なシーズではあまり起こらない話ですが、コンテンツなどのシーズを外部から持ってきた場合、もともとの著作権を有するコンテンツの原著作者とトラブルが生じる場合があります。特に著作者人格権は見逃しがちですが重要です。例えば著作者人格権に含まれる同一性保持権は、「自分の著作物の内容又は題号を自分の意に反して勝手に改変されない権利」を保障しています。契約に当たってはこうした部分をしっかり認識し、詰めておくことも必要です。

**関連KPI**

**新製品数**、**開発案件数**、**開発期間**、研究者数、共同研究数

WORDS

053

INNOVATION

# 開発期間

**製品・サービスの開発に要した期間。市場の変化やニーズにあわせてタイムリーに新製品を投入できるかどうかを示す指標の1つ**

KPIの設定例

**今回の製品は前の製品の改良版なので、前回の半分、1年半もあれば市場導入にはこぎつけられるだろう。バッファも見込んで1年3カ月程度の開発期間で進めよう**

**数値の取り方／計算式**

本文を参照

**主な対象者**

事業責任者、研究開発責任者（技術責任者）、製品開発担当者、マーケティング担当者

## 概要

この指標は市場の変化やニーズに合わせてタイムリーに新製品を投入できるかどうかを示す指標の1つです。近年は技術変化が早く、製品ライフサイクルも短くなる傾向にあるため、新製品をタイムリーに市場に投入することの重要性は高まっており、この数字の短期化が求められています。

## KPIの見方

この指標は、商材のタイプによって大きく変わってきます。多角化している企業であれば、無理に全社平均を出す必要はなく、商材のタイプごとの平均を見ておけば十分でしょう。例えばソニーであれば家電と金融と映画は別々に見るということです。

この指標が短いことは、機動的に新製品を導入できる可能性が増すことを意味します。新製品をタイムリーに投入できれば、売場の活性化に貢献したり、売れ行きの悪い既存製品を代替することが可能です。逆に、開発期間が長くなれば、陳腐化した製品に代わる新製品の投入が遅れるため、店頭での棚の確保が難しくなったり、売れ残り品が不良在庫になるなどして、企業の収益性悪化につながるおそれがあります。さらに、市場にアピールできる新製品がないことは、販売担当者の意欲低下を招きかねません。

## KPIの使い方

この指標は、製品開発部門の人間、特に中央研究所以上に事業部の製品開発責任者が強く意識します。また、テストマーケティングから正式発売になるまでに時間を要することもあるので、マーケティング部門の人間も意識すべき指標です（例えば３Ｍの「ポスト・イット」は最初のテストマーケティングから全米発売を最終決定するのに３年を要しています）。先述したように、これが長引くことは通常は好ましくはないので、過去のトレンドを見据えたうえで、短期化するように設定します。

なお、シーズとなる基礎研究はすそ野が広いため、どの時点を製品開発のスタートとするかの判断は難しいですが、ある程度用途を見据えてテーマを設定し、研究を始めた時点を開始時点とするのが一般的でしょう。

特定の製品の開発期間については、通常は過去の類似製品を参考に設定します。メーカーの場合、製品の企画・設計、試作品のテストやシミュレーション、生産部門における量産設計、テストなど、さまざまなプロセスを経るため、トータルの数字だけではなく、各プロセスの数字をめどとして設定することもあります。昨今はＡＩによるシミュレーションや３Ｄプリンターといった新技術も登場しており、あらゆるプロセスの短縮化に貢献しています。これらを適切に用いることが期待されます。

### 補足・注意点

一般に開発期間は短くなることが好ましいですが、この指標を重視するあまり「粗製乱造」や「多産多死」を招くようでは本末転倒です。また商材にもよりますが、売れないだけでなく、製造物責任（ＰＬ）【＊19】が問われるような事故を起こしては企業の存続にも関わります。短縮する努力はしつつも、品質管理なども含め各プロセスの質を同時に挙げていくことも必要です。

COLUMN

製品開発期間を短縮化する必要性の高い業界にアパレルがあります。なぜなら、特にファッション性の高いアパレルの場合、流行期間を逃してしまうと一気に売れなくなってしまうからです。そこで登場した手法が、ベネトンの無地のものを縫製してからの染色であったり、ザラの「流行がわかってからの超高速市場導入プロセス」です。今となっては当たり前に見える手法も、プロセスにイノベーションを起こしたことで成り立ったのです。

**関連ＫＰＩ**
新製品数

WORDS

054

# 新製品の売上高比率

**過去の特定の年数内に市場導入された製品の売上高が全売上高に占める比率。新製品寄与率などと呼ばれることもある**

KPIの設定例

**弊社も3M並みに技術基盤は豊富だから、「5年以内に発売された新商品で3割の売上げ」は目指そう**

**数値の取り方／計算式**

過去○年以内に市場導入された製品の売上高÷全売上高

**主な対象者**

経営者、事業責任者、研究開発責任者（技術責任者）、製品開発担当者、マーケティング担当者

## 概要

この指標が高い場合は一般に、新製品が顧客に受け入れられたことを意味し、研究開発やマーケティング活動が効果的であり、業界内で競争力を維持できていることを意味します。この数字にこだわっていることで有名なのは「ポスト・イット」などでもお馴染みのアメリカの３Ｍでしょう。同社では「過去5年以内に発売した製品で全社売上げの40％を占める（数字はしばしば変更される）」といった目標を掲げ、従業員を鼓舞しています。同社は非常に強い技術基盤を持つ企業としても知られていますが、それらを有効活用して、新しいアイデアをどんどん出し、どん欲に製品化することを目指しているのです。

## KPIの見方

この数字は全社的に重要な数字ですが、各事業単位で設定することもあります。「過去何年間」の数字を取るのが妥当かは、その業界の環境変化の速さなどによって変える必要があります。一般論としては、昨今は顧客のニーズがどんどん変化しライフサイクルが短くなっていますから、「10年間」などは長すぎでしょう。

この数字はまず、時系列で見たときに極端に下がらないようにすることが重要です（３Ｍのケースでは、この数字をＫＰＩとしてからは、基本的に右肩上がりになっているようです）。同業他社との比較も大事ですが、他社の売上数値が簡単に取れない業界もありますので、その場合はラフに推測をします。正確な数字は取れないまでも、明らかに他社がどんどん新しいヒット製品を出しているのに、自社が出せていない場合は赤信号です。

## ＫＰＩの使い方

新製品には大きく新事業部におけるものと既存事業部におけるものがあります。通常、新事業の新製品寄与率は高めに、既存事業部のそれは相対的に低めに設定されます。当然、事業の特性も考慮します。ライフサイクルの短い製品を扱っている事業部では、極端な場合、「3年以内の新商品で70％の売上高」が目標になるかもしれません。市場全体の新製品比率をラフに算出することができれば、新製品を市場に導入すべきタイミングや頻度とあわせてこの指標の設定がより妥当性を持ちます。

この指標は、「新しいアイテムが生み出した売上げの比率」と援用することもできます。例えば最近は定額制（サブスクリプションモデル）の動画サービスなども増えています。サービス自体は同じでも中のコンテンツがどんどん入れ替わったりアイテム数が増えていくわけです。このケースであれば、視聴者がどの番組を見たかは容易に捕捉できますので、「サービス自体の売上増分×新規アイテム視聴比率」を新製品の売上高比率とほぼ同様に捉えることができるというわけです。

## 補足・注意点

この指標は一般的には高い方が望ましいのですが、あくまで比率ですから、既存製品の売上げが落ち込んで総売上高が減少したときにも数値は高くなっています。また、数年にわたってそうした状態が続くようだと、企業として長寿の定番ヒット製品を生み出せないこと、あるいは基軸商品に対する営業の手薄さを意味することにもなりかねません。単にこの指標だけを追うのではなく、個々の製品の実売成績やシェア、市場での評判なども勘案したうえで適切な目標を設定する必要があります。

**関連ＫＰＩ**

**開発期間**、製品のライフサイクル、新製品のマーケティング費用

## CHAPTER4　用語解説

［＊15］**サプライチェーンマネジメント（SCM）**：原材料から加工、販売に至るまでの業界のサプライチェーン全体を俯瞰し、その最適化（時間短縮やコスト削減など）を図ろうとする試み

［＊16］**制約理論**：全体のボトルネックとなる工程に注目し、スループットを最大化するための考え方。物理学者のE・M・ゴールドラット博士が提唱した。ボトルネックの発見・解消や、適正な仕掛在庫の置き方などを検討する

［＊17］**デスマーチ**：特にIT関連の開発プロジェクトにおいて、プログラマーが極度の過重労働、疲弊状態になることを指す

［＊18］**コア・コンピタンス**：企業において中核となる強みのこと。トヨタ自動車であればその生産方式などが該当する

［＊19］**製造物責任（PL）**：製品の欠陥によって消費者の人命や身体、財産などに損害が及ばないようにする、製造者が果たすべき責任。法制化もされており、PL法という法律に拘束される

CHAPTER5

# 組織のKPI

WORDS

055

HRM

# 従業員1人当たり売上高

**従業員1人がどれだけの売上高を上げているかを見る生産性の指標**

KPIの設定例

**今は成長フェーズで人員の育成がなかなか追いつかないだろうから、従業員1人当たり売上高は昨年と同じ1500万円の数字が出れば大成功だ。現実にはマイナス5%のバッファを見ておこう**

**数値の取り方／計算式**

売上高÷従業員数

**主な対象者**

経営者、事業責任者

## 概要

従業員1人につきどれだけの売上げがあったかを示す指標で、企業全体における従業員の生産性を捉えることができます。一般に、同業他社よりもこの数値が高ければ、従業員の生産性が高く、効率よく企業活動を展開していると判断できます。事業部や部署単位にも援用できますが、その場合は間接部門（他部門や他部署と共用している従業員）の人員数をどう割り振るかが問題となります。

## KPIの見方

この指標も、営業担当者1人当たり売上高と同様、商材によって高低があります。粗利率の低い流通業（特に卸売業）の場合、この数字は高くなくてはならず、次いで製造業、サービス業の順になるのが一般的です。したがって1人当たりの粗利額とあわせて見るのがいいでしょう。

この指標は、従業員1人当たりの人件費や、1人当たりの経費額（1人の従業員が使ってもいい経費）、1人当たりの投資額など、企業活動や事業の大枠の在り様を規定する数字ともなります。例えば試算した結果、この指標が2000万円／人、1人当たりの粗利が800万円／人の場合、その中で人件費や経費、先行投資を賄わなければならないということです。もちろん、べンチャー企業などで資金を投資家から順調に調達できている場合などはその限りではありませんが、通常、黒字を前提にするのであれば、この指標以上に費用・投資は発生させないようにします。

## ＫＰＩの使い方

この指標も、業界比較や時系列比較が重要となります。通常は前年の数字を見ながら設定することが多いです。リーマンショックやコロナショック級のトラブルがない場合は、期初は昨対比でプラスに目標設定するのが一般的です（もちろん、ＰＤＣＡを回す中で下方修正することはあります）。ただし、新事業を始めるなどの理由によって一気に従業員数を増やすような場合は、昨年度から多少のマイナスの数字を期初から設定するケースもあります。

このＫＰＩが時系列で見て低下している場合は、その変動要因を明らかにする必要があります。その際、まず見るべきは、売上げが足りていないのか、従業員が多すぎないかという点です。例えば経営環境から見て売上げは順調なのにこの数字が下がっている場合は、間接部門が肥大化しているなどの可能性があります。

社内における部署間の比較も大切です。例えば多店舗展開をしている量販店や飲食店などでは、この指標を店舗比較の材料の１つにし、店長やスーパーバイザーの評価や報酬管理などの経営管理に活用することがあります。

## 補足・注意点

この指標も分母の「従業員」の定義次第で数字が変わってきますので、それを正しく捕捉しておくことが必要です（分子の売上高は、定義による差異はあったとしてもごくわずかです）。

同業他社と比較する際には、その企業の事業のポートフォリオに意識を向ける必要があります。同じ製造業であったとしても、モノ売りがメインの企業と、メンテナンスサービスのような粗利の高い事業を手掛けている企業では、見た目の数字が大きく変わることもあるからです。特に近年は連結決算重視になっていますので、ベンチマークする企業にどのような関連企業が連結されているかということも、詳細な分析を行う際には把握しておきたいところです。

**関連KPI**

**営業担当者1人当たり売上高**、**従業員1人当たり人件費**、従業員1人当たり経費額

WORDS

056

HRM

# 従業員1人当たり人件費

従業員1人にどれだけの人件費がかかっているかの指標

**KPIの設定例**

**キャッシュは十分にあるので、来年は従業員を1000人に増やしたい。従業員1人当たりの人件費は1000万円までは大丈夫なので、人件費総額も100億円以内だ**

**数値の取り方／計算式**

人件費÷従業員数

数値は財務諸表より読みとれる。他社については、ウェブなどで取れる平均年収に簡便的に1.2倍などして求めるケースもある

**主な対象者**

経営者、人事責任者、事業責任者

## 概要

この指標を特に気にするのは経営者や人事部、あるいは事業部長などです。人件費は給与・賞与だけではなく、各種手当、退職一時金や退職年金の引当金、社会保険料や法定福利費、福利厚生費、通勤定期券代や社宅の費用なども含まれます。業界にもよりますが、通常、これらの費用は給与・賞与の20％から30％程度を占めるとされます。この数字の多い企業は従業員に報いている企業といえます。

## KPIの見方

この指標は、ウェブなどで手軽に手に入る「1人当たりの年収」とは右のように少し異なりますので、まずはそれを意識する必要があります。

一般に、この指標の高さは、通常、採用においては人材獲得力の高さにつながります。日本においては通常、業界ごとに「相場」的なものがあり、さらにその中で大手企業になるほどこの指標が高くなるのが一般的です。「相場」が高い業界としては、総合商社や金融、ディベロッパーなどがあります。

なおこの数字は、いまだに年功的な報奨制度が色濃く残る日本企業においては、従業員の平均年齢が上がると上昇する傾向があるので、そちらも同時に見るのが一般的です。人件費は費用という側面もありますので、業績がさえない割にこの指標が高い場合、利益が圧迫されている可能性もあるので、利益も同時に見るのが一般的です。

## KPIの使い方

この数字は総人件費と従業員の数で決まってきますから、一般にはそれとあわせて検討します。実際には総人件費が決まり、従業員数が決まれば自ずと決まるというパターンが多いです。また、「無い袖は振れ」ませんから、翌年度の売上げや粗利などの利益の見込みなどもあわせて勘案します。

通常は、前年の数字を基に、業界他社との比較をしたうえで決める企業が多くなっています。外資系の企業は一般的に雇用が不安定な分、数字が高くなる傾向があるので、日本企業の場合はそれも勘案して決めることが多いです。

この数字はさらに「1人当たりの給与」「1人当たりの賞与」「1人当たりのその他人件費」に分けることもできます。この中で一番コントロールしやすいのは1人当たりの賞与です。それゆえそれが利益の調整弁として使われることも少なくありません。1人当たりの給与は下方硬直性が高く、容易には下げられないため、経営が厳しい局面では昇給をしない、あるいは新しく人を採用しないことで総人件費を抑えるという手段が用いられます。

## 補足・注意点

この指標は、正規、契約、派遣など、雇用の在り方が多様化する中、経年比較やライバルとの比較がしにくくなっている指標でもあります。近年は組織の壁を超えてフリーランスの方々を必要に応じて「オンデマンド的」に調達して仕事をすることもありますが、それは外注費となってしまい人件費には含まれないため、「真の人件費」を正しく捉えるのは必ずしも容易ではないのです。

**関連KPI**
**従業員1人当たり売上高**、従業員1人当たり粗利額

WORDS

057

HRM

# 労働分配率

企業が生み出した付加価値に占める人件費の割合

KPIの設定例

自社はフォロワー[*20]ポジションでこれといったアドバンテージのない会社なので、業界平均の70%の労働分配率でOKだろう

**数値の取り方／計算式**

本文を参照

**主な対象者**

経営者、人事責任者、組合

## 概要

この指標はどのくらい付加価値から従業員に還元しているかという指標ともいえますし、人件費として費やさざるを得なかった数字と見ることもできます。企業によっては売上高人件費率（売上高に占める人件費の比率）の方を重視し、労働分配率そのものはあまり重視しないこともありますが、マクロ統計的には大事な指標でもあります。また、かつて組合が力を持っていた頃は、組合側がこの数字を上げるように経営側に迫ったという歴史もあります。中小企業診断士のような人の中にはこの数字の方を企業の健全性の分析上、重く見る人もいます。

## KPIの見方

まずこの指標の計算に用いる「付加価値」は、何通りかの計算方法があることは理解しておきましょう。その中でも代表的なものの1つは「控除法」と呼ばれるものです。業界によって控除する費用項目は異なりますが、概ね売上高から売上原価を引いた粗利益と同じと考えておいていいでしょう。もう1つは「加算法」と呼ばれるもので、付加価値＝人件費＋営業純益＋支払利息等＋租税公課＋動産・不動産賃借料の式で求めます。議論をする際にはどちらを用いているかをよく確認しましょう。実務的に企業として使いやすいのは前者ですが、内閣府が出すような資料などは加算法を用いているケースが多いです（日銀が使っている方法でもあるため）。

一般に、設備投資などを積極的に行う製造業やインフラ系企業ではこの数字は低くなり、「人」の要素の大きいサービス業では高くなります。また、資本金の大きな企業の方が労働分配率は低くなる傾向が見られます。これは、大手製造業やインフラ企業が大企業であるといった業態の違いや利益率の差などに起因します。

この数字が高すぎる場合は粗利額が小さいことが多く、逆に低すぎる場合は利益が多く出ているにもかかわらず従業員に還元していないと見ることができます。

## ＫＰＩの使い方

この指標は現場レベルではそれほど意識はされず、気にするのは経営者や人事部などです。現場ではコントロールしにくい数字だからです。また、先述したように組合などがＫＰＩとして見ることもあります。

この指標は、目標とする売上高人件費率や売上高総利益率などの数字も勘案したうえで目標設定されます。通常は期中で意識されることはそれほど多くはなく、やや長いスパンでＰＤＣＡを回します。

先述したように、数字の大きさそのものだけでは良い解釈も悪い解釈もできてしまう指標なので、業界平均との比較や経営の実態を踏まえて用いることが必要です。例えば極めて粗利率の高い新製品（例：アップルのｉＰｈｏｎｅ）を市場導入してヒットした場合は労働分配率が下がりますが、従業員の給与が十分に上がっていれば、それでも問題はないのです。

### 補足・注意点

労働分配率は昨今のＩＴ化、ロボット化の影響を受ける数字でもあります。例えば金融業においてそれまで人に任せていた仕事を機械で置き換えることができればトータルとしての労働分配率は下がります。しかしそれで従業員が不満かといえばそうでもありません。生産性の低い人員が退出し、１人当たりの人件費が上がれば、個々には高い満足度を示すかもしれないのです。

**関連ＫＰＩ**

売上高人件費率

WORDS

# 058

HRM

# 従業員の平均年齢

**従業員の若さ（あるいは熟年度）を表す数値**

| KPIの設定例 | まだ若い会社だし、めどとして平均年齢30代前半は維持したい |
|---|---|

**数値の取り方／計算式**

従業員の年齢合計÷従業員数

他社の数値は、上場企業の場合、ウェブで検索すれば手に入ることが多い。非公開企業の数値は一般には取りにくい

**主な対象者**

経営者、人事責任者、事業責任者

## 概要

一般的に、平均年齢が低い会社の方が、若い人材が活躍する場があり、企業としての活力がある傾向にあります。この指標は、企業の設立年数や業績、業種、採用方針などに大きく影響されます。例えば、若者をターゲット顧客とするベンチャー企業では、当然若い人材が多く、この指標は下がります（一方で、1人当たり人件費も下がる傾向があります）。一般には企業全体で見ることの多い数字ですが、もちろん社内的に部署ごとに用いることもできます。

## KPIの見方

企業の平均年齢はウェブなどでも簡単に手に入る数字です。老舗の上場企業の場合は40代のケースが多く、若いベンチャー企業では20代ということもあります。老舗であっても45歳を超えるようだとかなり「老化」が進んでいるといえます（2020年現在）。ただし逆にいえばシニアに優しい会社ともいえるわけで、内容は後述するようにもう少し精査する必要があります。

人間の年齢そのものに優劣があるわけではありませんが、業界の平均などと比べて明らかに自社が特異点（外れ値）にある場合、その妥当性は検証しておく方がいいでしょう。

## KPIの使い方

建前的にいえば年齢を理由とした採用の可否や強い退職勧告などはコンプライアンス違反ですので（外資企業の場合、履歴書に生年月日や年齢の記入欄がないこともあります）、この数字を目標として明示的に設定するかどうかは微妙な問題といえます。また、「人生１００年時代」に向けてあまり若さにこだわるのは得策ともいえません。とはいえ通常、平均年齢が右肩上がりに上がることが好ましいとはいえませんので、部署のリーダーや人事関係者であれば、この指標は参考情報程度には見ておきたいところです。

平均年齢は、男女別、役職別などに分けて調べたり、単に平均値ではなくヒストグラム（度数分布表）で見たりすると、自社や自部署の特徴や課題の理解により役立ちます。例えばバブル期には大量に採用し、就職氷河期には一気に採用を手控えるなどすると、非常にいびつな人口ピラミッドになることがあります。実際にそうした企業は多いです。

数年後の経営を担うべき年齢層（これも一概にはいえませんが、通常は50代程度）が極端に不足しているなどの問題点が把握できれば、今後の中途採用計画や能力開発プログラムの設計に活かせるでしょう。

従業員の平均年齢はまた、役員の平均年齢ともあわせて見るといいでしょう。これも企業風土や企業の活力に影響を与えるからです。一般的に、社歴の浅い会社や外資系の会社では若い役員が多い傾向があります。

## 補足・注意点

最近は減りましたが、平均年齢が低い理由に、女性の平均年齢が低いケースがあります。いわゆる一般職として彼女たちを採用してきた企業では、一般職の女性社員が結婚や出産を機に退職することで、全体の平均年齢が見た目以上に下がってしまうのです。

今後は、定年や定年を前に会社をやめ、同じ会社に契約社員や属託として勤務するケースが増えることが予想されます。高齢化が進む中で、シニアがどのように扱われているのかも重要です。

**関連KPI**
**従業員1人当たり人件費**、役員の平均年齢

WORDS

059

HRM

# 従業員増加率

**従業員数が昨年度より増えた率。なお、期首なら期首同士、期末なら期末同士、年間平均なら年間平均同士を比べる**

**KPIの設定例**

**20%の売上げ成長はしたい。幸い利益は出ているから、どんどん採用に投資して人員数も20%増やそう。生産性は何とか現状維持しよう**

**数値の取り方／計算式**

今年度の従業員数÷前年度の従業員数

**主な対象者**

経営者、人事責任者、事業責任者

## 概要

成長中の組織は売上げだけではなく従業員数も増えるのが一般的です。この数字が高いということは旺盛に採用活動を行っていることを意味しますが、一方で、従業員増加率が高すぎることは往々にして組織に混乱を招く可能性もあります。目指すべき成長スピードも勘案したうえで、コントロールできる範囲に収めることが必要な数字でもあります。

## KPIの見方

まずは数百人くらいの中堅企業のケースで考えてみましょう。この場合、合併などによる突発的な要因を除けば、10％従業員数が増えると「かなり新しい人が増えたな」という印象が増すものです。これがさらに20％にもなると、「会社はものすごいスピードで伸びているな」という感じになります。

従業員増加率は、もともとの従業員数や純増数とあわせて見ることも大切です。例えば40人の従業員数が50人になったのと、４００人が５００人になったのとでは、率は同じですが、純増数が10人と１００人では人事部にかかる負担などもずいぶん違うからです。一般に大きな会社ほど従業員増加率の大きいことは組織管理を難しくします。

業界による差もあります。オペレーショナルな仕事の多い組織は比較的人を増やしやすいのに対し、専門的な知識を要する業務、例えばコンサルティング営業や研究開発などは人員の育成に手間暇がかかる分、急激な増加は難しいのが一般的です。

## KPIの使い方

従業員増加率は、想定する売上成長率とあわせて考えることが多い数字です。例えば、もし劇的なビジネスモデルの変化がないのであれば、売上げを15%伸ばそうとするのであれば、生産性は何とか現状維持と考え、従業員数も15%増やそうと考えることが多いものです。もちろん、生産性を5%上げつつ、従業員数も10%増やすという目標設定も可能ですが、新人が戦力になるには時間がかかりますから、通常は難しいものです。

この指標は部署レベルで考えることもあります。売上げ成長を20%期待されているのであれば、やはりそれに見合った人員増を要求しようと考えるのが一般的です。ただし、大きな組織になるほど余剰人員が出たりするものです。そうした人材がすぐに他部署で戦力になるかどうかは一概にはいえませんが、彼らを有効活用できれば全社的に人件費をあまり増やさずに人員を補充することも可能です。

## 補足・注意点

従業員の正味の増加は、「新たに入社した人－やめた人」であることには注意が必要です。５００人の会社が５５０人になったのは同じでも、A社は「１００人採用して50人がやめた」、B社は「55人採用してやめたのは5人だけ」では全然意味合いが違ってきます。前者の方が組織的な混乱が起こりがちなのはいうまでもありません。人を増やす努力の一方で、（特に優秀な人には）やめられないようにする努力も必要です。

**関連KPI**

従業員数、**離職率**、**売上高成長率**

WORDS

060

HRM

# 離職率

一定期間において総従業員のうち離職した割合

| KPIの設定例 | 人件費の高いいわゆるバブル世代については、20%程度の離職率になるように誘導したい |
| --- | --- |

**数値の取り方／計算式**

一定期間における退職者÷その期間の平均従業員数

他社の数値は、一般には取りにくい

**主な対象者**

経営者、人事責任者、事業責任者

## 概要

離職率は、通常、従業員の職場に対する満足度と関連の深い指標とされています。企業がどれだけ従業員の働きやすさに配慮し、オフィスの物理的環境をはじめ、金銭的報酬、評価の制度、福利厚生などの面で働きやすい環境を提供しているかによって、この数値は大きく変わってきます。

## KPIの見方

この数値は一般には低い方がいいといえます。指標の数値が高すぎる場合（例：20％）は、離職者が多いために、新しい人材の採用や教育、配置の調整などに多大なコストが発生している可能性があるからです。一方で、あまりに低すぎる場合は、本来は去ってほしいモチベーションの低い従業員や職場の生産性を下げるような従業員がいつまでも社内にとどまることを意味するケースもあります。したがって、高すぎるのは問題としても、いたずらに低くすることを目指すのではなく、ある一定範囲に収まるようにすべき数字ともいえます。

この数字は、平均在職年数とあわせて見るといいでしょう。これは厚生労働省「雇用動向調査」のデータなどより業界ごとに把握できます。ただしこの数値は、ベンチャー企業や合併して生まれた新会社などではかなり低く出ることがあります。例えば設立から2年の会社に、2年以上在籍している従業員はいませんから当然です。そうした点に注意しながらクロスチェックをするといいでしょう。

## KPIの使い方

この数値は平常時には、過去の数字の延長で設定します。例えば過去10年間、離職率が概ね３％から５％の間で推移しており、それで大きな問題がなかったのであれば、今期もその数字をめどにしておけばいいでしょう。

注意が必要なのは、この数字が急激に上がったときです。その場合はその原因を早急に検討し、つぶす必要性があります。先に記した点の評価が下がっただけではなく、採用すべき従業員の要件をここ数年間違えていた、あるいは競合が一気に引き抜きを始めているといった事情がわかるかもしれません。

企業の業績が悪いときには、いわゆる「肩たたき」などをしたり早期退職を募ることでこの数値を高く設定することもあります。ただし、その数値が達成できたから良しというわけではありません。よく聞くのは、例えば退職金を割り増しして早期退職を促したところ、人材市場での競争力のある良い人材ほどいち早くやめてしまい、今の会社にしがみつかざるを得ない人ほど残ってしまったというものです。そうした緊急時には、固有名詞レベルで誰がやめたかに意識を向けることも必要です。

## 補足・注意点

このKPIが急に上がってから対策をとるのでは遅すぎるともいえます。通常は退職率の向上には必ず予兆があるともいえるからです。マネジャーとしては従業員の声を愚直に聞いたり、勤務態度に大きな変化がないかをしっかりウォッチし、マネジメントと共有することが大事です。

**関連KPI**
平均在職年数、**従業員満足度**

WORDS

061

HRM

# 本社費率

本社部門のコストが売上高に占める比率

KPIの設定例

**弊社のポリシーは「小さな本社」だから、当面本社費率は5%程度を維持しよう**

**数値の取り方／計算式**

本社機能のコスト合計÷売上高

**主な対象者**

経営者、人事責任者、本社部門責任者

## 概要

本社部門とは、人事部門、財務部門、総務部門、経営企画部門、社長室などの俗にいう間接部門を指します。「コーポレート」や「(社内向けの) サービスカンパニー」などと呼ぶこともあります。そのコストが売上げに対してどの程度の比率になっているかを見るものです。

## KPIの見方

この数値は特に経営陣が気にする数字です。この数字が低ければコストが小さいので一見良さそうですが、その分、事業部に対するサポートが手薄になっている可能性もあります。絶対的に適切といえる数字はなく、企業ごとに最適な数字を模索する必要があります。ちなみにグロービスでは概ね10%程度をめどにしています。なお、本社オフィスに特定の事業部が所属している場合、厳密には本社オフィスの維持費などはコーポレート部門分だけをカウントするのが適切です。

## KPIの使い方

この数値は似たような業界であっても経営陣の意思によって変わってくることがあります。例えば「強い人事」や「強い経営企画」などを経営陣の身近に置きたいという企業では、当然本社費率も上がります。逆に、事業部門や事業部長にそれらを大きく権限移譲しようとする組織ではこの指標は下がります。だからこそ適切な数値を企業ごとに模索していく必要があるのです。また、この指標は財務諸表に出てくる数字のような、明確な基準があるわけでもありません。それゆえ、他社と比較しにくいという側面もあります。

気をつけなくてはならないのは、この数字は往々にして組織が大きくなるに従って、増えないまでも、想定以上には下がらないことがあるという点です。有名なパーキンソンの第一法則では「官僚組織は肥大化する」と喝破しました。これは往々にして本社機能（官僚機構と似たような性格を持つ）は、「ためにする仕事」を増やし、業務が拡大するためです。

例えば、本来であれば、組織全体の規模が3倍になったからといって、経営企画部門の人員数も3倍になる必要性はないはずです。ところが、3倍とはいわないまでも、倍以上に増えてしまう企業はやはり多いのです。

それゆえ本社費率を設定する際には、事業部に対する必要なサービスができているかということも踏まえつつ、本社機能が自ら肥大化を進めていないかを慎重に見極め、適切な数字を設定する必要があるのです。

**補足・注意点**

最近は持株会社という形態も増えました。その結果、単体の企業では一見本社費率が低くても、グループ全体としては実はそこまで低くないというケースもあります。

同様のことは外資系の企業などでもいえます。外資系の企業の場合、日本は「販売代理店」的な位置づけとなり、それ単体では本社費率が低く見えても、グローバルに見ると標準的ということも多いのです。

**関連KPI**
本社人員比率

WORDS

062



# 正社員比率

**会社や部署の従業員に占める正社員の比率**

**KPIの設定例**

**我々の事業部では、正社員比率は前年より3ポイント減の50%を目指す**

**数値の取り方／計算式**

正社員数÷従業員数

**主な対象者**

経営者、人事責任者、事業責任者

## 概要

正社員比率が高い企業では、企業活動の主な担い手は（長期雇用の）正社員ということになります。正社員という安定した身分や一定の待遇を保証することにより、社員の長期的なコミットメントが期待できる一方で、経営環境の変化に応じて柔軟に雇用調整を行うことが難しくなるというデメリットもあります。企業の柔軟性を維持するためにも適切な範囲に移行させたい指標といえるでしょう。

## KPIの見方

この指標を出す際、非正社員として契約社員やパートタイマーなどは含みますが、派遣社員や外部委託のフリーランスの方などは含まないのが一般的です。また、通常、テンポラリーなアルバイトは除くのが一般的です。

この指標の数値は近年下がり気味にあります。これは企業側の柔軟性を担保したいという思惑と、従業員側の「特定の企業に縛られたくない」「自由度の高い働き方をしたい」という思惑が一致した結果ともいえます。

一方で、まだまだ雇用の安定した正社員のポストを求める人々は多いのが現状です。特に新卒の新入社員の多くは正社員を目指すことが多く、新卒時に正社員になれたか否かが生涯賃金の差につながるという現実もあります。被雇用能力【*21】のある人材や、家庭の事情で正社員が難しい人などを除けば、やはり正社員という待遇は魅力的なのです。

したがって、同業他社に比べこの指標が明らかに低い企業は、柔軟性を手に入れた代償として、正社員希望の求職者から見ると魅力度が低いともいえます。

## KPIの使い方

ベンチャー企業などでは、最初はリスクを下げるためにも固定費となる正社員は少なめにし、契約社員や外注を利用し、事業が軌道に乗ってから徐々に正社員比率を上げることが多いです。それに対して大企業では、この数字を下げることでリスク対応力を高めようとします。業種によっても正社員比率は千差万別です。

この指標はそうした状況を総合的に勘案して設定します。この数値を以前より下げて設定する場合には、どのような施策をあわせて打つのかも同時に検討します。例えば、定型化できる業務や付加価値の低い業務は正社員以外の人員に任せ、正社員は企業戦略上重要な部門や業務に重点配置するなどです。

なお、この数字は昨対比で下げつつも、パートタイマーや契約社員が正社員に転換する道も同時並行で残す企業もあります。一方的に非正社員化を図るのではなく、優秀な人材については正社員に登用することでより組織として生産性や採用面での競争力を高めようという狙いです。

### 補足・注意点

この数字は意外に正確な測定が難しい数字でもあります。例えばグループ内の別組織で兼任で仕事をしているような場合、従業員として何日以上（あるいは何時間以上）働いている人を分母に入れるのか、出向者の扱いをどうするのかなどです。少なくとも社内では時系列の比較ができるよう、定義をしっかり定めておくのがいいでしょう。

**関連KPI**

正社員採用数、売上高人件費率

WORDS

063

HRM

# 中途採用数

年間の中途採用の人数。新卒採用数との対比で見ることが多い

KPIの設定例

今年は全社で10人の採用予定だ。新卒は育成能力を考えると7人くらいにして、3人は即戦力の中堅を採りたいな

**数値の取り方／計算式**

本文を参照

**主な対象者**

経営者、人事責任者、事業責任者、採用担当者

## 概要

人材の流動化が遅れたといわれる日本でも、新卒で就職した企業をやめ、別の会社で新しいキャリアを模索する人が増えました。こうした流れを受けて、厚生労働省も従業員数301人以上の大企業を対象に、正社員の中途採用比率の公表を義務づける案をまとめました。転職希望者が情報を得やすいように、企業のホームページなどで開示することを目指しています。

大企業でこの数字が新卒採用に比べて高い企業は、即戦力の人材に対する採用意欲、あるいはダイバーシティに関する感度が高い企業であることが推定できます。

## KPIの見方

この数字は、新卒採用人数とのバランス、あるいは既存の従業員数に対する比率、既存社員に占める中途入社社員の比率などとあわせて見ることが多い数字です。

新卒採用者との比率についていえば、中途採用者の比率が高くなるのは創業からまだ時間の浅いベンチャー企業や、国内での採用力の弱い外資系企業などです。一般の中小企業も中途採用の比率は高くなります。また、コンサルティングファームなどの特殊な能力を求めるプロフェッショナル企業なども中途採用数は多くなります。

一方、老舗の大企業はいまだに新卒採用にこだわる傾向があり、国内の採用に関して20%を超える企業はそれほど多くありません（海外事業は自ずと中途採用が増えるのでここでは捨象します）。逆にいえば、先述したように、大企業にもかかわらずこの数字が高い企業は、新事業創造や組織変革［*22］のために即戦力となる外部の血を欲している企業といえるでしょう。

## KPIの使い方

この数字は、企業による熱意のあるなしが大きく反映される数字でもあります。大企業でこれまで新卒採用で十分回ってきた企業であれば、この数字はそれほど意識されません。実際にそうした企業も多いでしょう。

一方で、即戦力あるいは即戦力に近い人材を欲している企業にとっては、この数字は事業部にとってはもちろん、人事の採用担当者にとっても極めて重要な意味を持つようになります。例えば我々グロービスは基本的に中途採用でしか採用を行わない企業ですが、常に供給力不足、人員不足に悩んできました。それゆえ、中途採用数は、人事の関係者はもちろん、全社を挙げて達成したい重要な数字となっているのです。

## 補足・注意点

この数字も、数字だけではなく質の面が重要です。せっかくの中途採用が全く戦力にならないようではやはり困ります。新卒採用ほどスタートラインが揃ってはいないので簡単ではありませんが、「戦力化するまでに要した期間」や「入社〇年以内の離職率」「退職理由ごとの人数」などもあわせてウォッチしておくとよいでしょう。

また、階層ごとの採用に目を向けることも重要です。経営陣レベルはヘッドハントできても、中堅が採れないというのではやはりバランスを欠くからです。

**関連KPI**
正社員採用数、新卒採用数、全従業員数

WORDS

064

HRM

# 階層数

**社長―事業本部長…係長―一般社員といった、組織の役職の階層数**

KPIの設定例

**わが社も中二階的なポジションを作りすぎた。3年くらいかけて階層を6つくらいに減らしていこう**

**数値の取り方／計算式**

組織図に反映される

**主な対象者**

経営者、人事責任者

## 概要

一般に大企業ほど階層数は増える傾向があります。これは1人の人間のスパン・オブ・コントロール（管理できる直属の部下の数）に限界がある以上、仕方がない面もありますが、階層が多くなることは通常、意思決定のスピードを削いだり、経営陣と現場の温度差を広げることになってしまいます。

理想論でいえば、管理できる人員を増やし、階層数は減らす方向が望ましいといえます。

## KPIの見方

企業によって呼称や定義は異なりますが、「部長」「課長」といった役職（ポスト）がどのように設けられているかによって、その企業の文化や体質を推測することができるものです。

階層数≒役職数が多く、何階層ものピラミッド構造からなる組織は、安定的で確実な業務遂行を重視する場合には効果的な反面、報告や了解の取り付けなどの根回しが必要となり、迅速な意思決定が行いにくくなります。

また、役職は程度の差はあれ、社内での個人のステータスを示すため、細分化されていればいるほど上下関係が発生し、ピラミッド構造を強化する方向に働きます。これはフラットなコミュニケーションを防ぎ、イノベーションの芽を摘む間接的な原因にもなります。

一方でフラットすぎる組織は、スピードや変化への対応力、イノベーションを起こす力は増しますが、一方で、中間管理職の業務量が増えたり、部下の数が増えることにより、一人ひとりとの密接なコミュニケーションや部下育成が十分に行き届かないなどの問題が生じる場合もあります。

それゆえ、経営陣としては、そのメリット・デメリットを見極めたうえで階層数を設定する必要があります。

## KPIの見方

このＫＰＩは短期的に用いられることはほとんどなく、経営陣が中長期的な観点からベストの在り方を模索していくものです。組織が若い段階では、ある程度までは増やすことが多いですが、７段階を超える階層が必要かは要検討でしょう。７段階の典型的イメージは、「社長－事業本部長－事業部長－部長－課長－係長－一般社員」です。仮に平均のスパン・オブ・コントロールを７人とした場合、この階層でもおよそ13万７０００人の組織は運営可能です。スパン・オブ・コントロールが平均４人の場合でも、およそ５０００人まではこの階層で事は足ります。

10以上の役職があったり、稟議書に10個以上の判子欄がある企業は一度この階層数を見直してもいいかもしれません。

### 補足・注意点

階層数の多さは、見た目の昇進の機会を増やしやすいことも意味します。副部長や部付部長、部長代理といった一見よくわからない役職も、そうした階層をあえて設けることで「昇進した」ということを明示的に見せる役割もあるのです。それゆえ、階層を減らすことが難しいという場合もあるのです。

**関連KPI**

スパン・オブ・コントロール、意思決定スピード

WORDS

065

HRM

# 従業員満足度

**従業員が所属する企業に満足している度合い**

KPIの設定例

**従業員満足度は、弊社の独自の項目すべてで5点満点の4.3以上を目指す**

**数値の取り方／計算式**

社内アンケート。他企業については転職サイトなどが公表している数値を参考にすることができる

**主な対象者**

経営者、人事責任者、事業責任者

## 概要

一般的に、従業員の満足度が高いことは、活気のある職場や提供する製品・サービスの品質の高さにつながるとされます。なお、サービス・マネジメントの世界では「サティスファクション・ミラー」という考え方があり、従業員の満足度が高いとサービスレベルが上がる↓顧客が満足し、従業員に対して好ましい態度をとってくれる↓さらに従業員満足度が上がり……というサイクルが回ることが知られています。

## KPIの見方

この指標は通常、アンケートで数字を集め、平均を出します。その際、トータルとしての満足度のみを見るのではなく、項目ごとのバランスを見る必要があります。

例えばオープンワークという転職サービスサイトでは、「待遇面での満足度」「人事評価の適正感」「法令順守意識」「人材の長期育成」「20代の成長環境」「社員の相互尊重」「風通しのよさ」「社員の士気」といった項目で現・元従業員の評価を集め、企業ごとのスコアを出しています。他にも独自の調査結果を出しているサイトはあり、業界他社と比較する際の参考情報となります。

一般的に、5点満点で4点以上あれば、従業員の満足度としては大きな問題はないとされます。逆に3点を切るような場合は、満足度は低いと考えていいでしょう。

## KPIの使い方

この数字を意識するのはまずは経営者や人事部門ですが、企業によっては事業部や部署ごとにこの数値を調べ、問題がないかを確認するケースもあります。経年変化や、先述のようなサイトにおける情報を参考に設定されます。先述したように総合の数字だけを見るのではなく、企業ごとに要素を細分化し、満遍なく高くなることを意識します。レーダーチャート【*23】にした場合、でこぼこの少ない広い面積の多角形となっていることが理想です。

この指標は多くの場合、「働きやすい会社」の指標とも高い相関を示します。それゆえこの数字が高いことは採用などでも有利に働きますし、企業イメージの向上を通じて消費者にも好印象を与えることがあります。一般消費者に身近な消費財メーカーやサービス業では特にその傾向が強くなります。そこで積極的に外部に公表する企業もあります。

部署間で比較する場合、通常、同じ企業の中で報奨制度やオフィス環境に大差があることは少ないので、通常は事業部長以下、マネジャーの力量を反映することになります。満足度が低くなっている原因を特定し、つぶすことが必要です。その際、年代や役職ごとなどにブレークダウンしてみると問題点の特定が容易になります。

## 補足・注意点

一般にこの数字は高い方がいいのですが、ある程度のレベルはクリアしていても問題があるケースがあります。例えば通常、高い報酬は高い満足度につながりますが、「働かなくても高給をもらっているシニアな社員」が多いと、企業としての中期的な競争力は小さいわりに、見た目の満足度はそこそこの数字になってしまったりするのです。

**関連ＫＰＩ**

**カルチャーサーベイ、従業員1人当たり人件費**、福利厚生費、従業員エンゲージメント指標

WORDS

066

HRM

# カルチャーサーベイ

**その企業が目指す組織文化が実現されている度合い**

KPIの設定例

**カルチャーサーベイは……の5項目だけは常に4.5以上をキープする。ほかの項目は4.0あれば十分だ**

**数値の取り方／計算式**

社内アンケート。頻度は通常1年から数年に1回程度

**主な対象者**

経営者、人事責任者、事業責任者

## 概要

良き組織文化は良き組織の必要条件といえます。それが浸透していれば、いちいち上司に指示を仰がなくてもよくなるため意思決定のスピードも上がりますし、求心力も高まります。また、通常はモチベーションも上がっていきます。人々の意識や行動を自ずと導くものが組織文化ともいえます。そこで企業としては適宜カルチャーサーベイを行うことにより、望ましい組織文化が実現されているかをチェックするのです。企業にもよりますが、少なくとも十数項目、多い場合は50を超える項目についてアンケートを行い、チェックします。

## KPIの見方

右記のように、項目数は企業によって大きく異なってきます。ただし項目数が多すぎると(例：150項目)、答える方も適当に答えるようになる比率が増しますので、本当に重要なものに絞り込むことが必要です。

アンケートは通常5段階評価で行うことが多いようですが、そうするといわゆる中心化傾向で「3」につける人が増えます。そこであえて6段階評価にして中間点の「3・5」がつかないように工夫している企業もあります。

企業にとっては、当然ですが、より重視したい価値観を反映している項目の点数に注目をします。例えばベンチャー精神を重んじる企業であれば、「積極的に新しいことにチャレンジしている」の項目の方が、「いつも慎重に考えている」よりも重要度が上がるということです。逆に銀行のような業界であれば「ミスや法令順守違反に対してシビアに捉えている」といった項目がより重視されるべきでしょう。

なお、アンケートは定量的な数値測定だけではなく、定性コメントも記してもらうとより多面的な対策が可能になります（ただし、声の大きい不満を持つ人間の意見が増幅される可能性もあります）。

## KPIの使い方

この指標は企業間比較はそれほど意味がありません。同じ業界であっても実現したい組織文化は違うことが多いですし、そもそも他社の情報は通常手に入らないからです。そこで重要になるのが時系列の比較や部署間での比較です。実際、同じ企業内であっても、5点満点で部署によって1点近く差がつくといったケースもあります。

時系列の変化については、回答者の属性などとあわせて細分化するとより実態が見えてきます。例えば「フレンドリーなコミュニケーションが行われている」という項目について、マネジャー層や在籍年数が長い人間ほど点数が高いのに、一般従業員や社歴が短い人間は点数が低い場合、そこに大きな見解の相違が生じていることがわかります（なお、属性についてはあまり細かくとりすぎると、回答者が、個人が特定されるという懸念を抱く可能性がありますので、必要以上に細かく属性をとることは避ける方がよいでしょう）。

## 補足・注意点

通常のＫＰＩはそれに基づいてスピーディにＰＤＣＡサイクルを回していくことが必要ですが、企業文化はそう簡単に変わるものではありません。もちろん経営陣や管理職は、何か問題ありと判断した項目については何かしらのアクションをとるのですが、効果が出るのが遅いこともあり、なし崩しになることも少なくありません。問題があると判断したものについては、しつこくそれを解決するアクションをとること、そしてそれを社内に発信することが必要です。

**関連ＫＰＩ**

従業員満足度

〉WORDS〈

067

HRM

# 1人当たりの人材開発投資

**その企業が従業員の能力向上にどのくらいの投資を行ったかの指標。投資としては一般的に研修費用や教材（デジタルのものも含む）費用などが含まれる**

**KPIの設定例**

**それほど大きな環境変化もなければ新規採用の人数も少ないので、今年も1人当たりの人材開発投資は昨年並みの25万円が妥当だろう**

**数値の取り方／計算式**

基本的に社内情報より計算する。他社の数字を取るのは難しいが、定性的な評判を取得することはできる

**主な対象者**

経営者、人事責任者

## 概要

従業員一人ひとりをいかに教育し、戦力化するかは、企業にとって永遠の課題です。この数値が大きいほど、従業員の能力やパフォーマンスを向上させるための人材開発投資を積極的に行っていることを意味し、人材開発に熱心な企業といえるでしょう。

## KPIの見方

この数字が全くないのは大問題ですが、大きければいいというものでもありません。例えば研修ばかりやっていて本業に割く時間が減り、売上げが下がって見た目の1人当たりの人材開発投資が増しても本末転倒だからです。

また、内容面でのブレークダウンも必要です。例えば、新卒採用者向けと中途採用者向けの研修や、若手社員向けと管理職向けの研修とでは、その目的や内容などは当然異なってくるでしょう。新人や非管理職層には手厚い一方、課長以上については自己責任に任せるというのではバランスが悪いといえます。

難しいのは、業務外のいわゆるオフジェイティ（Ｏｆｆ－ＪＴ）の研修などの費用はわかりやすい反面、オンザジョブ（ＯＪＴ）の人材開発については、その投資額も効果も測定しにくいという点です。また、オフジェイティにせよオンザジョブにせよ、本来は費やした時間などの機会費用（その時間があれば生み出せた別の成果）についても考慮する必要があるのですが、その測定は容易ではありません。

## KPIの使い方

この数字を気にするのは通常は人事部や経営陣です。絶対的にこれが正しいという数値を設定するのは難しいものの、過去の経験などを参考に目標設定することが多いようです。

また、人事部は他社の人事部と横でのつながりが意外とあり、研修業者に関する情報共有なども結構なされています。そこで得た情報なども参考に、目標数字を極端にオーバーしない範囲で、さまざまな取り組みを行っています。例えば、かつては課長や部長など階層別に一律に研修を行うことが多かったのですが、最近では、計画的に将来の経営幹部候補を選抜して研修を受けさせる企業が増えています。

この数字が高いことは、人材採用の際の武器にもなります。特に論理的思考力やコミュニケーション、マーケティングやアカウンティングなどに代表されるマネジメントスキルは、ポータブルスキル（企業が変わっても持ち運べるスキル）の代表です。企業を選ぶ人間にとって、そうしたスキルを会社のお金で身に付けることができるのは非常に魅力的なのです。

## 補足・注意点

より厳密にいえば、人事部の育成部門スタッフの人件費といった間接費も人材開発投資の一環ともいえます。時系列比較などを行う際には、どこまでの数字を含めるかをしっかり定義したうえで実施する必要があります。

なお、人材開発投資は、マネジャーやリーダーの育成、さらには業績に効いてくることが理想ですが、必ずしもそうならないという難しさは常に付きまといます。例えばゼネラル・エレクトリック（GE）は人材開発に大きく投資する企業として知られ、実際に一時は時価総額世界一になりましたが、ここ数年間は株価も低迷し、業績は冴えません。優秀な人材育成のためにはお金や手間は必須ですが、それは必ずしも企業としての成功を約束しないのです。

**関連KPI**
社外研修比率

WORDS

068



# 女性比率

**従業員に占める女性の比率**

KPIの設定例

**業界で平均的といわれている女性管理職比率30%を5年後に達成しよう。今年はまず23%程度がめどだろう**

**数値の取り方／計算式**

女性従業員数÷全従業員数

**主な対象者**

経営者、人事責任者

## 概要

今やダイバーシティ、さらにはインクルージョン【*24】が組織の生産性を上げるうえで重要なカギとなることは衆目の一致するところです。一方で、日本では歴史的背景などさまざまな事情から女性の企業での活躍が遅れてきました。この数字が高いこと（あるいは上昇していること）は、一般には積極的に女性を登用しようとしていること、さらには多様性のある組織を実現しようとしている意図の表れと見ることができます。

## KPIの見方

この指標が低すぎるのは問題ですが、単に高ければいいというものでもありません。例えば女性比率80％となっていても、その実は一般職的社員が多いからであったり、業務上の必要性から女性スタッフが多いだけ（例：アパレル販売、美容整形クリニックなど）で、マネジャー以上はむしろ男性が多いというのではあまり意味がありません。もちろん業態ごとに望ましい女性比率は変わって当然ですが、可能であれば一般社員層、管理職層、経営層でバランスよくこの数字が適切な範囲にあることが望ましいでしょう（筆者は以前、顧客の90％以上が女性であるにもかかわらず、役員会が男性ばかりの会社を見て「大丈夫かな」と思ったことがあります）。

最近では、「管理職層以上の女性比率を30％以上にする」などの明確な数値目標を掲げ、あわせて人材育成や産休・育休、再雇用などの制度を充実させるなど、女性活躍を推進する企業が増えています。これは優秀な女性を採用するうえでも大きな武器となります。特にグローバル化が進む現在、海外の優秀な女性を採用するためにも、より上位ポジションでの女性比率向上が望まれます。

## KPIの使い方

この指標は右記でも少し触れたように、全体を見るだけではなく、階層別や部署別の比率にも配慮する必要があります。部署でいえば、外資系の企業であっても、いわゆる4R（Human resources、Public relations、Investor relations、Customer relations）の部署に女性が多い傾向がありますが、そこで数字をかさ上げするのは好ましいことではありません。営業や研究開発といった男性が多くなりがちな部署でも、一定レベルの目標値を設定するといったことも必要でしょう（もちろん、機械系の開発職のように、そもそも女子学生が少なく、その会社だけの力では女性比率を上げにくいケースもあるため、人材市場の状況も勘案します）。

この数字がバランスよく高いことは、先にも触れましたが、優秀な女性を採用するうえでの武器となります。実際にそれで躍進したのがかつてのリクルートです。また、同じ属性の人々が増えることは孤立感を低下させたり、いざというときに頼れる仲間を増やすことにもなります。それは彼女らの働きやすさを増すことにもつながりますので、「この部署では女性は紅一点Aさんだけだ」という状況はなるべく作らない方が望ましいといえるでしょう。

## 補足・注意点

管理職の女性比率を高めるために、アファーマティブアクション（ポジティブアクション）【＊25】がとられることもありますが、これはやり方次第では本人を苦しめることになりますし、男性社員からの反発も招きかねません。女性比率を高めることの意義をしっかり全社に浸透させたうえで、適切なサポート体制があることが望ましいといえます。

**関連KPI**

外国人比率、女性の離職率

WORDS

069

HRM

# 有給消化率

**従業員が本来とれる限度の有給休暇をどれくらい取得したかの平均値**

KPIの設定例

**成長ステージ的にはまだまだ忙しいので、有給消化率はあまり高くはできない。しかしあまり低いと採用に支障をきたすから、60%はクリアしたい**

**数値の取り方／計算式**

従業員の有給取得日数÷上限の有給取得日数

**主な対象者**

経営者、人事責任者、事業責任者

## 概 要

昨今、「ブラック企業」という言葉がはやっています。ブラック企業の定義はさまざまですが、一般的には従業員の労働環境が明らかに劣悪である場合を指すことが多いようです。その逆のホワイト企業は従業員にとって働きやすい企業とされています。有給消化率は、企業のホワイト度合いを見る指標の１つといえます。

## KPIの見方

日本企業は世界的に見ても有給消化率の低い国とされ、先進国の中では常に下位の常連でした。そこで政府も業を煮やし、年５日の有給休暇を確実に取得させることを罰則規定付きで法制化しました。それくらいしないと、日本の企業では有給が取得しにくいのです。

現実の数字については、東洋経済オンラインが、『ＣＳＲ企業総覧（雇用・人材活用編）』２０１９年版掲載の１５０１社のうち、有給休暇取得率を開示している１２４４社を対象とした有給取得率ランキングを掲載しています。それによれば、トップはホンダ、２位はホンダ系の部品メーカーであるショーワとなっており、いずれも99・５％の有給消化率です。ただしこのランキングは、基本的に働き方の改善に理解のある大手企業が対象となっているという点には留意すべきです。このランキング最下位の東北電力ですら、有給消化率が65・2％となっていることからもそれがうかがえます。

一般にこの指標は余裕のある大企業の方が高く、また生産計画が立てやすいメーカーの方が高くなる傾向にあります。伸び盛りのベンチャー企業などでは仕事そのものを楽しんでいる従業員も多いため、この指標が低いからといって従業員の満足度が低くならないケースもあります。また、コンサルティングなどのプロフェッショナルファームではアウトプットの高さが強く期待されるため、従業員も最初から有給取得を期待しておらず、この指標にあまり関心がないというケースもあります。

## KPIの使い方

この指標の目標を設定する際には、まずは業界平均を意識します。実際にその数字が取りにくい場合もありますが、ネットの情報や関係者（他企業をやめた人など）の言葉などからラフな数字を推定することはできます。

この指標はまずは会社で見ますが、部署ごとの比較も重要です。ある部署のみ実際の取得率が低いのであれば、経営側からの指導も必要でしょう。もちろん、新事業立ち上げ期にあるなどの個別の事情は斟酌する必要があります。

業界平均に比べてこの指標が高い場合、リクルーティングの際の武器に使うことも可能です。特に近年は会社に縛られたくないと考える人や、ワークライフバランスを重視する人間が増えていますので、ホワイト度の高さは採用において有利に働くケースが多いのです。

## 補足・注意点

企業のホワイト度は他の指標とあわせて見ることも必要です。例えば有給消化率が高くても残業時間が多くては意味がありませんし、ましてやサービス残業が多いようでは失格です。また、ホワイト度を過度に高くすることはＱＣＤに代表される企業の競争力を損ねる可能性もあるので、経営者としては高度なバランス感覚が求められます。

**関連ＫＰＩ**
平均残業時間、**従業員満足度**

WORDS

070

HRM

# 内定辞退率

**採用内定を出した候補者のうち、それを辞退した比率**

KPIの設定例

**昨年の内定辞退率は50%だった。十分に優秀な人材は確保できているし、採用プロセスの負荷も適切と社内でいわれているから、今年も昨年並みを目指そう**

**数値の取り方／計算式**

1−(実際に入社した人数÷採用内定を出した人数)

**主な対象者**

経営者、人事責任者、採用担当者

## 概要

企業がゴーイングコンサーンとして活動を続けるためには、どんどん採用して新しい血を入れ続ける必要があります。採用は一般的に「応募→書類スクリーニング→面談→内定→入社」といったプロセスで進められます。内定の辞退率が高いことは、それまでのプロセスにかけた手間暇を無駄にし、採用効率が悪いこと、あるいは企業の採用に関する競争力が低いことを意味します。

## KPIの見方

この数字は一般には公表されていませんから、社内で用いるＫＰＩとなります。新卒採用と中途採用で意味合いが異なってきますが、まずは新卒採用について考えましょう。

新卒の内定辞退率が高い理由は大きく2つに分けられます。1つはその企業の魅力度が低く「滑り止め」として使われてしまうということです。大学入試と同じ構造です。これは急に上がるものではないので、中長期的な視点で企業の魅力度を高める必要があります。もう1つは、本来魅力度はあるのにそれが十分に学生に伝わっていないというケースです。この場合は人事部や広報、リクルーターなどが魅力度を正しく伝える努力が必要です。

中途採用のケースでは、こうしたことに加え、「本人はその気なのに転職そのものを行わなかった」といったケースも追加されます。古くは「嫁ブロック」という言葉が使われたこともあります。本人（この場合は男性。特に大企業勤務）は転職する気が満々なのに、妻（さらには妻の親）に相談して猛反対され、元の企業にとどまるというものです。近年では妻の転職に夫側が反対するという例も増えています。このように企業ではなかなかコントロールしにくい要素がさらに加わるのが採用の難しさです。

## KPIの使い方

この指標は競合と比べることは普通はできませんから、企業内の経年の数字を参考に設定されます。通常は人事部門が責任を持ちます。採用市場に大きな変化がないのであれば対前年並み、あるいはそれを少し上回るように設定するのが一般的です。新卒採用と中途採用では分けて設定することが多いです。この数字が比較的安定している場合は、必要な採用数とこの指標から逆算して内定数を決めることができます。

難しいのは、大きな環境変化が起きたときです。例えば当該の企業の不祥事が報道された場合などは一気に辞退率が増える可能性があります。それを正確に予測するのは難しいですが、どうしても採用数を確保したい場合は、この指標を高めに設定し、内定数を決めることもあります。

採用の際のプロセスの向上を図ることで内定辞退率を下げることもできます。その際のカギは、内定辞退しそうな候補者をプロセスの早い段階で落とすことです。これが適切にできれば、その後工程にかける手間暇を削減でき、全社的な生産性が上がります。質問に対する受け答えなど、そうしたノウハウをいかに組織内に蓄積するかが大切です。研究所の基礎開発や営業における「筋のない見込み顧客」の見極め同様、「失敗するもの」を早めに発見し、それにリソースをかけすぎないことは有効なのです。

## 補足・注意点

内定辞退率を下げる1つの方法に、「競争力のない候補者に内定を出す」というものがあります。つまり、自社以外内定が出ないと思われる候補者に内定を出すわけです。しかしそれでは中期的に競争力のない会社になってしまいます。当然のことではありますが、実際に採用した人材の質へのこだわりも必要です。それを重視する企業では、あえて高い内定辞退率を甘受してでも質の高い人材の採用にこだわることがあります。

**関連KPI**

内定数、**従業員増加率**

〉WORDS〈

071



# 社外取締役比率

**取締役のうち、社外取締役が占める比率**

KPI
の
設定例

**グローバル化を進める自社としては、社外取締役比率を40%程度に維持したい**

**数値の取り方／計算式**

社外取締役数÷取締役数

**主な対象者**

経営者、人事責任者、株主

## 概要

昨今、企業統治（ガバナンス）の在り方に非常に注目が集まっています。ＥＳＧ投資［＊26］の人気の高まりなどもその文脈上にあります。また、日本でもスチュワードシップ・コード［＊27］が定められ、ガバナンスが不十分な企業に対しては取締役の選任に関してＮＯを突き付ける機関投資家（特に海外投資家）も増えてきています。経営陣が暴走しないよう、適切なガバナンス体制を構築することは、特に大企業にとっては必須の要件であり、その代表的な指標が社外取締役比率なのです。

## KPIの見方

この数字は、金融庁の通達によれば、上場企業の場合、可能であれば3分の1を超えることが望ましいとされます。実際に上場企業に関しては、２０１９年の段階で平均３割に達したというニュースがありました。

上限については特に取り決めはありませんが、ソニーのように7割以上が社外取締役という企業もあります（ただし執行役員を含めればその比率はもっと下がります）。一般論としては、外国人株主の比率が高く、グローバル化を進めている企業ほど社外取締役の比率が高くなる傾向があります。

## KPIの使い方

上場企業に関しては、近年のトレンドを踏まえた場合、社外取締役の比率を3分の1以上に高めることはほぼ必須といえるでしょう。それを下回るようだと、代表取締役の選任にすら機関投資家からＮＯの意見が寄せられる可能性が高いからです。

とはいえ、形だけの社外取締役を増やすことには問題もあります。社外取締役の本来の目的はガバナンスの強化であるはずですが、あまりに経営陣と近しい人材ばかりを選んでいては、チェック機能が働きません。一方で、識者ならいいかというとそれも難しいところです。というのも、経営者に対して時には「それはダメだ」といえるような人材はそれほど多くはないからです。事実、人気のある社外取締役は奪い合いの状況を呈しており、時間的に本当に社外取締役としての機能を果たせているのか疑問といえるケースも散見されます。

企業としては、実力と胆力を持った社外取締役がいることが望ましいのですが、そうした人々を確保することは必ずしも容易ではありません。

## 補足・注意点

社外取締役のダイバーシティも大事です。先進的な企業においては、社外取締役のダイバーシティも多様で、外国人や女性も数多く含まれるのが一般的です。また、学識者など、通常のビジネスパーソンとは異なったバックグラウンドの人間も少なくありません。多面的なチェック機能やアドバイスが求められている時代にはこの観点も非常に重要です。

**関連KPI**

取締役数、女性取締役比率、外国人取締役比率

WORDS

072

# SDGsへの貢献

国連サミットで採択された「持続可能な開発目標（Sustainable Development Goals）」の17項目について、企業がどのくらい貢献しているかを示したもの。SDGsは「エス・ディー・ジーズ」と発音される

| KPIの設定例 | うちの会社がSDGsで貢献できるのはこの6項目だ。具体的な目標はそれぞれの担当役員に相談して決めよう |
|---|---|

**数値の取り方／計算式**
各社が独自に設定

**主な対象者**
経営者、SDGs担当役員、人事責任者、株主

## 概要

ＳＤＧｓは持続して人類が環境などを守りながら発展するために世界的に取り組むべき課題を示したもので、具体的には17の目標と１６９のターゲット、２３２の指標より成ります。当面の目標は２０３０年までにこれらを達成することです。

企業も地球市民の一員であり、社会や環境から多大な恩恵を受けている以上、それに適切な恩返しをすることは当然といえます。また、昨今の若者世代はこうしたことに関する企業の取り組みに敏感とされます。ＳＤＧｓは範囲が広いため、一企業がすべてのテーマに関して貢献することは難しいものがあります。しかし、それでも多くの活動に貢献している企業は、地球や人

図13 SDGs

それぞれに平均約10個、計169の目標がある

類に優しい経営を行っているといえるでしょう。

## KPIの見方

多くの企業がＳＤＧｓに関する取り組みを行っており、その取り組みを独自の方法で公表しています。大企業であれば今やホームページから「ＳＤＧｓへの取り組み」といったページにアクセスできるようになりつつあります。ただし、共通の「モノサシ」があるわけではないので、その比較は必ずしも容易ではありません。

## KPIの使い方

このＫＰＩに第一義的に責任を負うのは経営者です。それゆえ、経営者と担当役員が中心となって具体的な目標や取り組みの方向性を設定することが多くなっています。ＳＤＧｓへの貢献の高さは、消費者や株主に対して好ましい印象を与えるだけではなく、採用力強化や従業員のモチベーション向上にもつながります。

目標設定に当たっては、自社の経営理念や自社の強み、投資対効果、業界他社の動向などを考慮します。

## 補足・注意点

SDGsは今や経営マターですから、担当者に任せておしまいではありません。またアリバイ的に形を作ればいいというものでもありません。経営者の本気度を示すためにも、単に項目を並べ立てるだけではなく、それらに対する真剣度を示すことが必要です。

COLUMN

SDGsの問題に取り組む際には、単なるCSR（Corporate Social Responsibility：企業の社会的責任）ではなく、CSV（Creating Shared Value：共有価値の創造）の発想を持つことが大事です。これは、単なる慈善活動ではなく、企業の強みやそれを活かした活動を通じて社会に貢献するという発想です。例えば水資源の技術を強みとして持つ企業は、新興国においてビジネスを行いながら、それを通じて水質浄化を推進することにより、伝染病の低減や下痢等による子どもの死亡数低減などに貢献できるのです。

**関連KPI**

CSR（企業の社会的責任）への取り組み、コンプライアンス違反件数

## CHAPTER5　用語解説

[＊20] **フォロワー**：これといった強みを持たないシェア中位の企業群。業界リーダーの戦略の模倣や低コスト戦略で戦うことが多い

[＊21] **被雇用能力**：特定の企業にだけではなく、広くさまざまな企業に採用されるだけの能力、あるいはそれを持ち合わせていること。特定の企業の内情に通じていることや、特定の企業でのみ生きる能力は、広範な被雇用能力に結び付かない

[＊22] **組織変革**：戦略はもちろん、そこで働く人々の意識や行動（言い方を変えれば組織文化）を変えることで組織を望ましい方向に向かわせること

[＊23] **レーダーチャート**：クモの巣状に３６０度に向けて棒線を書き、全体のバランスを見るグラフのこと。各項目の最高点は同じとし、項目間の間隔（角度）は等間隔とする。例えば8つの項目でレーダーチャートを書く場合には、項目間を45度ずつ開けてきれいなクモの巣状になるようにする

[＊24] **インクルージョン**：企業のすべての従業員が仕事に参画する機会を持ち、それぞれの強みが活かされ、また相乗効果が生じている状態を作ること。元の意味は「包含」

[＊25] **アファーマティブアクション（ポジティブアクション）**：それまで不当な差別を受けてきた人々を積極的に登用したり選抜する制度。女性の登用やマイノリティ人種の登用などがその典型。北欧のように政治（国会議員）レベルでそれを実現している国もある

[＊26] **ESG投資**：環境（Environment）、社会（Social）、ガバナンス（Governance）要素を考慮した投資

[＊27] **スチュワードシップ・コード**：他人の資産を運用する機関投資家の在り方に関するガイダンス

# CHAPTER6

# 会計・ファイナンスのKPI

WORDS

073

ACCOUNTING

# 売上総利益率

## （売上高粗利率）

**一定の売上げに対していくらの売上総利益（粗利）があるかを示した数字で、俗に「粗利率」と呼ばれる。売上総利益は売上高から売上原価を差し引いたもの**

KPIの設定例

**経費率の向上をカバーするためにも、売上高粗利率は事業部として昨年比1ポイントアップの36%を目指したい**

**数値の取り方／計算式**

売上総利益(粗利)÷売上高

他社については、全社レベルの数字は有価証券報告書よりわかるが、事業ごと、製品ごとの数字を取るのは難しい

**主な対象者**

経営者、事業責任者、財務責任者、プロダクト責任者

## 概要

会計的には売上総利益という表記の方が適切ですが、本書では以降、一般的な表現である「粗利」を用います。粗利は事業や製品の根源的な収益力や競争力を反映する利益です。全社単位でも見ますが、事業や製品別の粗利額や粗利率も非常に重視されます。一般に売上原価の小さいサービス業は高く、逆に売上原価の大きな流通業では小さくなる傾向があります。

## KPIの見方

この指標は右記のように業種や商材ごとに異なるため、同業他社や業種平均と比べたときの高低が重要になります。例えばアップルのスマートフォンであるｉＰｈｏｎｅの粗利率は概ね60％以上とされており、他のスマートフォンを圧倒しています。これはｉＰｈｏｎｅが非常に強い競争力（ブランドイメージや顧客のロイヤルティなど）を持っており、高い値付けが実現できることに起因します。逆にこの指標がライバルよりも著しく低い場合は、コスト競争力が劣っており、競争上不利な状況に立たされていることを示唆します。

## KPIの使い方

既存の事業や製品に関しては、時系列での変化をしっかり追うことが必要です。例えばこの数値が大きく下がっている場合には、商品仕入値や原材料費などの原価が高騰している、あるいは市況の悪化や競争相手の安値攻勢による実売単価の低下などが示唆されます。特に売上原価の比率が高いビジネスで、かつボラティリティ【*28】の大きなビジネスでは、そうした市況や競争環境もあわせてウォッチするのが一般です。

意外に見逃しがちなのは、粗利率の大きい製品の売上げ構成比が減っているというパターンです。それを見逃さないためにも、各製品の粗利率を把握したうえで、その販売比率などにも目を向ける必要があります（多くの企業ではそれぞれ実数として把握されています）。

新製品の粗利率は、価格戦略と大きく連動してきます。予想原価を見込んだうえで、競争力があると見込まれるなら高く価格設定しますし、それほどでもないと思われるなら競合状況を勘案して妥当な値付けを探ります。競合する類似製品がない場合などは、通常、投資回収のためにも高い粗利率を設定するのが一般的です（いわゆるスキミング・プライシング【*29】）。

新製品の場合、目標値がそのまま維持できていれば当初のマーケティング戦略通りに物事が進んでいるといえますが、予想外に目標を下回った場合には、実売価格の問題なのか、それとも予想以上に原価が上がってしまったのかなどを早期に突き止め、解決のアクションをとる必要があります。

## 補足・注意点

粗利率は高い方が望ましい一方で、売上原価をいたずらに下げればいいというものではありません。例えば飲食ビジネスであれば、売上原価の低減は食材のレベルダウンなどを通じて行われることがありますが、それはかえって顧客離れを促すことにつながりかねません。小売りでも「安かろう悪かろう」の商品ばかり並べていては、客足は遠のくでしょう。費用は常に売上げとの見合いで検討されるべきものなのです。

**関連KPI**

売上高営業利益率、価格維持率（値引き率）、経費率

WORDS

074

ACCOUNTING

# 売上高営業利益率

一定の売上げに対していくらの営業利益があるかを示した数字。単純に「営業利益率」と呼ぶことも多い。営業利益は粗利から販売費（広告費など販売にかかる費用）および一般管理費（総務などの管理部門の費用）を差し引いたもの

**KPIの設定例**

新規事業とはいえ5年目、間接部門の経費は概ね6％程度は配賦されてくるから、コントリビューションレベルで6％を目指し、営業利益レベルでトントンになるように頑張ろう

**数値の取り方／計算式**

営業利益÷売上高

ただし、事業部単位の評価においては営業利益のかわりに、粗利から直接費を差し引いたコントリビューションを用いることも多い

**主な対象者**

経営者、財務責任者、事業責任者

## 概要

営業利益は全社のみならず、事業レベルや製品レベルでも本業の儲けそのものを示す重要な利益とされています。欧米で多用されるEBIT（Earnings Before Interest and Taxes：利息および税金控除前利益）とほぼ同じ意味を持ちます。その意味で国際比較しやすい数字でもあります。売上高営業利益率の高い会社は俗にいう「儲かっている会社」といえるでしょう。

## KPIの見方

この指標も業界によって多少の差はありますが、高低の大まかなめどはあります。一般に、5％程度なら「まずまず」、10％なら「かなり順調」、15％なら「高収益」、20％以上なら「笑いが止まらないくらい儲かっている」といった感じです。営業利益ベースでの赤字は一般には好ましくない状態といえます。

事業ごとにこの指標を見ることもできますが、その際には事業間で共有している間接費（本社部門の人件費など）の配賦（振り分け）が大きな問題となります。

## KPIの使い方

ここでは事業ごとの売上高営業利益率について考えましょう。事業ごとにこの指標を使う場合、先に示したように間接費の配賦が大きな論点となってきます。よくあるのは「売上げに比例させて配賦する」というやり方ですが、これはビジネスモデルや粗利率が違う場合、不公平感を生みかねません。超簡便版でもいいのでＡＢＣ（２０８ページ参照）などを用いて納得感のある配賦をすることが必要です。

実務的によく用いられるのは、その事業で使ったことが明確な直接費（その事業部の人件費など）のみを差し引いた事業部ごとのコントリビューション（貢献利益）の比率を見る方法です。事業部長から見ると、直接費は自分の裁量でかなりの部分コントロールできる費用ですから、それを重視するわけです。企業内の売上げ構成や本社人件費に大きな差がない場合は、過去の数値を参考にし、例えば「あとで配賦される間接費はこのくらいだから、それと目標売上高から逆算して、売上高に対するコントリビューションの比率は10％を目指そう」などと考えるわけです。

売上高コントリビューション比率は事業ごとに見ていくことが大切ですが、事業の位置づけや成長ステージによって、当然ばらつきが出ます。例えば新規事業は、最初数年はコントリビューションがマイナスということが多いですが、会社としてある程度は新しい事業に取り組まないわけにもいきません。そこで通常は、全社としての目標営業利益率と、想定される各事業部の売上高とコントリビューション比率、そして間接部門のコストなどを勘案したうえで調整が図られるのが一般的です。

## 補足・注意点

営業利益率も粗利率同様、いたずらに経費削減で高めようとしてはなりません。しっかりとした営業活動を行うからこそ売上げが生まれるという場面も多いからです。一方で、会社の中には無駄な経費もたくさんあるものです。冗費を削り、売上げに結び付く活動にしっかりお金を使うという方向性は維持する必要があります。

**関連KPI**

コントリビューション、売上高経常利益率

WORDS

075

ACCOUNTING

# 売上高経常利益率

一定の売上げに対していくらの経常利益があるかを示した数字。単純に「経常利益率」と呼ぶことも多い。経常利益は営業利益に、財務活動から生まれた営業外収益を加え、営業外費用を差し引いたもの

**KPIの設定例**

業界シェア3位の自社としては、売上高経常利益率は業界平均値の7%を全社で目指そう。これは営業利益率と同じ数字だ

**数値の取り方／計算式**

経常利益÷売上高

**主な対象者**

経営者、財務責任者

## 概要

経常利益はアメリカなどでは対応する概念がなく、日本独自の利益の概念といえます。一方で、日本人の経営者にとっては、売上高営業利益率と同じ、あるいはそれ以上に重視する人も少なくありません。この数字が高いことは、本業に加え、財務状態も良好な企業といえます。事業部などの現場で独自に設定されることはあまりなく、経営陣や財務部門が気にする数字といえます。

## KPIの見方

営業外収益の具体的な項目としては、受取利息、受取配当金、有価証券売却益、受取賃借料などがあります。一方、営業外費用には、支払利息や棚卸資産廃棄損などが含まれます。棚卸資産廃棄損は事業部にも関係する数字ですが、それ以外は投資や融資（あるいは借り入れ）といった金融活動や、本業とは関係のない部分での収益・支出となります。

「事業には直接関係はない」といいながらも、近年は投資を積極的に行い、配当を得る企業なども増えています。投資やそのための資金調達も広い意味での本業とみなせば、経常利益を意識することにも一定の意味はあるといえるでしょう。

## KPIの使い方

この数字は通常、事業部レベルで設定されることはありません。ただし、京セラのアメーバシステムのように、社内金利制や間接費の配賦などを通じて社内の管理会計的にこれを設定するケースも稀にですがあります（なお、京セラで設定される付加価値＝差引売上げは、従業員の人件費を引いていませんので、厳密には「人件費差引前経常利益」とでもいうべき指標になっています）。

売上高経常利益率は、事業の現場で目標設定されないとはいえ、ある程度意識はされます。例えば配当収入が潤沢な企業であれば、その分、目標となる営業利益率を低めに設定することもあるかもしれず、それが事業単位でも効いてくるということです。逆に、会社として借り入れが多く支払利息が大きい場合、最終的な利益を確保するためにも、目標となる営業利益率は高くなるかもしれません。

経営レベルでは、同業他社並みの経常利益率を達成するためにプレッシャーが働くのが一般的です。まずは手を打ちやすい支払利息の削減などを通じてこの数字を高く設定し、実現しようというのが一般的です。一方で、借り入れを減らすことは投資の原資を減らすことにもつながりますので、そうしたバランスを見極めながら、財務部やＣＦＯ（最高財務責任者）と相談しながらこの数字を設定し、アクションにつなげていきます。

## 補足・注意点

経常利益はその気になれば有価証券の売却などで「お化粧」ができる点には注意が必要です。一時の利益かさ上げのためにこれらを調整弁的に使う企業もあるので、他の会社の数字を参考にする際などには留意しておく方がいいでしょう。逆に、自社の場合、どの程度そのような調整弁があるかを理解しておくことも、いざというときの備えとしては必要といえます。

**関連KPI**
売上高営業利益率、コントリビューション

WORDS

076

ACCOUNTING

# 売上高税引後利益率

**一定の売上げに対して最終的な利益をいくら残したかという比率。単に税引後利益率と呼ばれることもある。また、売上高当期純利益率、当期純利益率、純利益率と呼ばれることもある**

KPIの設定例

**今年は経常利益もほぼ赤黒トントンの見込みだから、純利益率も同様にしたい**

**数値の取り方／計算式**

純利益÷売上高

**主な対象者**

経営者、財務責任者、株主

## 概要

本書では以降、税引後利益ではなく、より一般に用いられている「純利益」、あるいは「当期純利益」という言葉を用います。まず、税金を引く前の税引前利益は経常利益に特別利益（固定資産売却益、投資有価証券売却益、投資有価証券［＊30］等の売却益など）を足し、特別損失（固定資産除却損、投資有価証券売却損、災害損失など）を差し引いて求めます。そこから法人税等を支払った残りの額が純利益です。法人税等の支払いまでを含めた、企業としての最終的な収益性を示す数字ともいえます。

## KPIの見方

この数字を気にするのは基本的に経営陣、さらには企業の持ち主である株主などとなります。純利益が多く出れば、それは自己資本の厚みを増すことにつながっていくからです。また、現在のルールでは赤字でも配当などを出せますが、かつては、配当はこの純利益の使途の1つで、それらを支払った残りが自己資本に組み込まれていました。今でもその感覚で経営を行っている経営者はいます。

この指標は通常、事業部単位で意識されることはあまりありません。

## KPIの使い方

企業の経営陣としては、株主に対する手前からも、当期の純利益を黒字にしたいものです。それゆえこの利益の段階で黒字を目指すことが１つの目標になります。仮に特別利益と特別損失がなければ、これは経常利益から法人税等を支払ったものとなりますので、目標の売上高と経常利益を設定し、税率を与件とみなせば、自ずと目標となる純利益や純利益率も決まってきます。

ただ、この数字は経常利益以上に「お化粧」ができる数字でもあります。特に老舗の企業では簿価が時価よりもはるかに低い不動産を持っていることが少なくありません。そこで、そうした不動産を売却することで、経常利益は赤字でも、純利益ベースで黒字化しようとすることが時々あるのです。ただし、そうした方法で益出しをしても、プロの投資家からはほとんど評価はされません。

## 補足・注意点

先に「税率を与件とみなせば」と書きましたが、税法上違法ではない節税対策を駆使することで、実質的な法人税率を下げることは可能です（４４８ページ参照）。実際に税務の専門家に依頼することで、そうしたことを行っている企業もあります。アメリカの巨大プラットフォーム企業がグローバルなレベルで節税対策をしていることも有名です。ただし、いくら合法でも、過度な節税は消費者や当局の反感を招くこともあるのでバランス感は必要です。

COLUMN

株式公開企業であれば、純利益は向上させる対象となりますが、非公開企業でかつ上場を目指さない企業の場合などは、あえて純利益をギリギリ黒字にしたり、時には赤字にしたりすることもあります。同族企業で経費と個人的支出の境界があいまいな一方で、受注は底堅い場合などによく発生します。また、役員報酬を赤字（黒字）ギリギリになるように設定する企業もあります。世の中の企業の多くは、必ずしも純利益を多くすることを目指してはいないのです。

**関連KPI**

売上高経常利益率、実効税率

WORDS

077

ACCOUNTING

# 包括利益

**国際財務報告基準（IFRS）における最終利益。それまでの日本式の会計はP/Lですべて完結していたが、包括利益は純利益にB/Sの項目を加えて最終利益を求める**

KPIの設定例

**業容は昨対比10%の伸びだから、包括利益もそのあたりに着地することを意識しよう**

**数値の取り方／計算式**

図14参照。ただしこれを報告している上場企業はまだ多くない

**主な対象者**

経営者、財務責任者

## 概要

日本でもＩＦＲＳを導入する企業が増え、包括利益を示すようになりつつあります（現在は過渡期のため、それまでの日本方式による当期純利益と、ＩＦＲＳ準拠の包括利益を同時に示しています）。包括利益は、図14に示した利益であり、その時々の経済状況や市況を織り込んだ最終利益といえます。本業での儲けのほかに、良い資産を持っていると増える利益といえます。

## ＫＰＩの見方

この利益は大きいに越したことはないのですが、図からもわかる通り、企業独自でコントロールできない要素も大きく、か

図14 包括利益

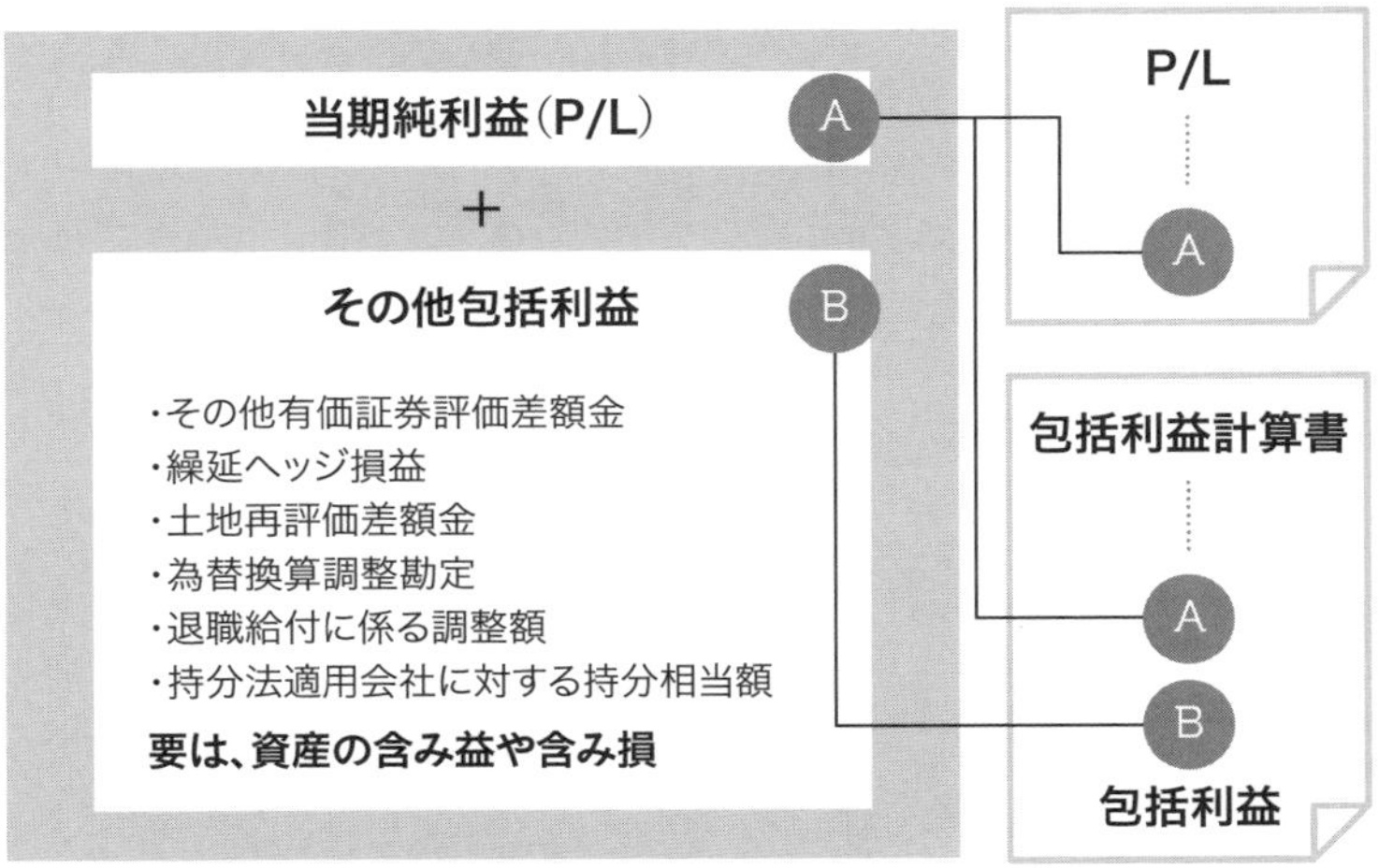

えって企業本体のビジネスの実力を見にくくするという批判もあります。

## ＫＰＩの使い方

自社でコントロールできない部分が多いためか、この利益を最重要ＫＰＩとしている日本の経営者はまだ少ないようです。また、純利益以外の部分が年度末になってみないと確定しない部分が多く、ＰＤＣＡサイクルともやや相性が悪いです。事実、２０２０年3月期決算の企業は、コロナ禍による3月の株価下落でその他包括利益が一気にマイナスになるケースもありました。とはいえ、包括利益が下がっていいわけではないので、今後も値下がりが見込まれる有価証券は売るといった、包括利益を高める努力は当然求められるでしょう。

なお、ＥＢＩＴやＥＢＩＴＤＡ（４２４ページ参照）、純利益などは、その何倍が企業価値になるといったマルチプル法[*31]による企業価値算定にも用いられますが、包括利益はその目的にも必ずしも合致しません。

## 補足・注意点

ＩＦＲＳが今後どのくらいのスピードで浸透していくかはまだ不透明ですが、おいおい日本で採用する企業も増えるでしょう。多少使い勝手の悪い部分もありますが、すでに導入した企業の財務諸表に目を通すなどして今のうちから慣れておくことが必要です。

COLUMN

世界的にはＩＦＲＳが主流になると考えられる一方で、それが人事考課などの面で現場を混乱させる可能性もあります。例えば、子会社の社長の評価は、これまで会社ごとの営業利益などで行われてきました。それが「包括利益をベースに評価を行う」となったら彼らも混乱するでしょう。せっかくこれまでの基準では大きな利益を上げたのに、ＩＦＲＳ基準ではのれんの減損で評価を下げる子会社社長もいるかもしれません。そしてそれは当人の責任ではなく、前任者の判断ミスということもあるのです。

**関連ＫＰＩ**

税引後利益

WORDS

078



# ROA

**総資産に対して経常利益が占める比率。経常利益ではなく純利益を用いることも多い**

KPIの設定例

**利益を20%増やし、資産を5%圧縮することで、ROAは昨対比21%増の6.1%程度にすることを目指す**

**数値の取り方／計算式**

経常利益÷総資産

（純利益÷総資産で計算するケースもある）

**主な対象者**

経営者、財務責任者、資産管理責任者

## 概要

資産をいかに効率的に使って利益を上げたかということを示す数字で、日本では「経営者の通信簿」の上位に来る指標の1つとされます。無駄な資産を抱え込まず、資産を有効活用して利益を上げるとこの数字は上がります。Ｐ／ＬとＢ／Ｓの数字を用いて計算する指標の中でも最も代表的なものです。なお、ＲＯＡの計算式の分子として純利益を用いることもあるため、どちらを分子として用いているかには注意が必要です。ちなみに、日本基準の決算短信サマリーでは、「総資産経常利益率」の方を採用しています。一方、東洋経済新報社の『会社四季報』では、「総資産純利益率」を用いています。

## KPIの見方

日本ではＲＯＡの平均は、分子に経常利益を用いた場合、３％から４％程度とされます。景気変動も受けますが、それ以上に業界の特性を反映します。例えば大きな設備投資を必要とする割に世界的な競争が厳しい製造業（例：家電など）ではこの数字は下がりますし、設備投資を必要とせず、利益率も高いサービス業などではこの数字は高くなります。２０１９年度に東証1部上場企業で最も経常利益ベースのＲＯＡが高かったのはカカクコムで52・８％でした。そうした事情もあって、この数値は業界平均と比較するのが一般的です。

かつては株式の持ち合いなどもあってこの数字が低くても許容される時代もありましたが、株主（特に外国人株主）からの資産効率を上げよというプレッシャー（さらには安定株主に甘んじるなというプレッシャー）が強くなったこともあり、日本企業の総資産はかつてより圧縮される傾向にあります。

## KPIの使い方

この指標を最も気にするのは経営者です。まずは業界平均をクリアすることが目標となります。その気になれば事業単位でＲＯＡも出せるのですが、そこまでやっている企業は多くありません。これは、分子の経常利益（あるいは純利益）が、事業部ではコントロールしにくい財務的な数字を含むものであること、あるいは資産を特定の事業に紐づけることが難しいことが多い（資産を事業部間で共有していることが多いため）といった理由によります。

とはいえ、経営者はＲＯＡを上げたいですから、各事業部や部署に対しては、利益を上げること（通常は営業利益ベースで目標設定します）と無駄な資産を減らすことを指示します。資産は共有資産も多いため、具体的な額までは示されないことも多いですが、特定の事業部に帰属することが明らかな流動負債（在庫など）などは削減の目標額を示すこともあります。

会社全体としても、事業にほとんど貢献しない遊休資産（めったに使わない保養施設など）は削減するよう目標設定されることがあります。通常、これは財務部門や総務部門といった本社部門が担当します。

### 補足・注意点

総資産の中には現金やその等価物が含まれることにも注意しましょう。本来であれば投資のめどがない現金は株主からすると配当や自社株買いなどで還元してほしいのですが、いざという場合に備えてキャッシュを多めに抱えている企業は少なくありません。そうした企業は実態が健全な割にはＲＯＡが低くなる傾向があります。

また、土地は通常簿価で評価されていますから、良い立地の土地を多数抱える老舗企業は実態以上にＲＯＡが高く見えることもあります。

**関連ＫＰＩ**

**売上高経常利益率**、総資産額、総資産成長率

WORDS

079

ACCOUNTING

# ROE

**自己資本に対して当期純利益が占める比率**

| KPIの設定例 | わが社は常に12%のROEを出してきた。景気下降局面ではあるが、今年もこの数字を死守しよう |
| --- | --- |

**数値の取り方／計算式**
当期純利益÷自己資本

**主な対象者**
経営者、財務責任者、株主

## 概要

ＲＯＥは株主の持ち分である自己資本（純資産≒株主の拠出額＋利益剰余金の積み上げ）に対してその期の純利益がどのくらいに達したかを見るものです。この数字は株主に対するリターンの成績と見ることもでき、ＲＯＥの高い会社は株主に対して十分に責任を果たしたと解釈できます。研究によるとＲＯＥは株価と比較的強い正の相関があることも知られています。

## ＫＰＩの見方

日本では２０１７年に初めて上場企業のＲＯＥが10％を超えましたが、２０１８年にはまた少し下回りました。業界によっても異なりますし、景気によっても平均値は変動するので一概にはいえませんが、10％を超えていたらまずは合格点といえるでしょう。

ただし、この数字は（純利益÷総資産）×（総資産÷自己資本）と分解されることからもわかるように、「総資産÷自己資本」（財務レバレッジ）を上げることでも高まります。つまり負債を増やして財務レバレッジを高めれば、「純利益÷総資産」（純利益を分子とした場合のＲＯＡといえます）は平均以下でも、ＲＯＥを高めることは可能なのです。財務レバレッジは次項で紹介する、安全性を示す指標である自己資本比率の逆数です。つまり、安全性の面では劣ることになります。負債（特に借金）は有効活用すれば非常にプラスに働きますが、多すぎると逆に経営を不安定にしてしまいます。ファイナンスの世界には最適資本構成【*32】と呼ばれる概念があり、それに近い財務レバレッジにすることが望まれます。

## KPIの使い方

この指標を意識するのは経営陣と財務責任者です。会社の持ち主である株主も注目します。潜在株主もこの指標を見て株式の売買の材料にしますので、安定して高いＲＯＥを上げることが一般には望まれます。それが実現できていることは、ＩＲ（インベスター・リレーションズ）の場などでも株主に訴求できる強みとなります。

この指標は全社レベルのＫＰＩですので、事業部ごとにこれを意識することはあまりありません。現場レベルでも、財務レバレッジはコントロール不可なので、結局、前項でも述べたように、資産を圧縮し、利益を上げる努力が求められることになります。逆にいえば、目標ＲＯＥの設定は経営レベルでなされ、想定される財務レバレッジを踏まえたうえで、各事業部に目標とする利益を割り振ることで行われるといえます。

## 補足・注意点

先にＲＯＥは株価と正の相関を持つと書きましたが、純利益そのものは３７８ページでも述べたように、特別利益が生じることでも上がります。それゆえ、普通の年は平凡なＲＯＥなのに、ある年急に特別利益のおかげでＲＯＥが上がったからといって株主にはあまり評価されません。あくまで本業で安定的にこの数字を高く維持することが必要です。その意味で、単年度の指標ではありますが、中期的な時系列トレンドも非常に大切です。

**関連ＫＰＩ**

財務レバレッジ、ＲＯＡ

〉WORDS〈

# 080



# 自己資本比率

**総資産（＝負債＋純資産）に占める純資産の比率**

| | |
|---|---|
| KPIの設定例 | **当社はベンチャー企業なので、自己資本比率は現状の90%で妥当だろう** |

**数値の取り方／計算式**
自己資本÷総資産

**主な対象者**
経営者、財務責任者

## 概要

この指標は企業の安全性（経営が厳しいときでも持ちこたえられる度合い）を示す代表的な数値です。純資産＝自己資本が厚いということは、（借り入れなどと異なり）返済義務のない株式による資金調達と、過去からの利益剰余金が積み上がっていることを意味するからです。

なお、厳密にいえば純資産は、純資産＝自己資本＋新株予約権＋非支配株主持分（連結財務諸表のみ）ですので、自己資本とは一致しません。定義によって自己資本比率の数値が大きく変わることは少ないですが、分子に純資産（広義の自己資本）を用いているか、狭義の自己資本を用いているかは注意しましょう。

## KPIの見方

日本では２０１７年に上場企業の自己資本比率が40％を超えたとされました。自己資本比率が高いことは、安全性の面では好ましいことですが、前項で触れた、逆数となる財務レバレッジが低いということでもありますので、一概に好ましいこととはいえません。負債は、それを活用して新しい投資をし、将来のキャッシュフローにつながるケースも多いからです。節税効果もあります。日本ではソフトバンクグループが多額の借金で知られています。同社の自己資本比率は決して高くはありませんが、負債の有効活用という見方もできるのです。

自己資本比率は業界ごとに大きく異なります。安定している業界では自己資本比率は低くてもよく、リスクの高い業界や企業（ベンチャー企業がその典型）では自己資本比率は高くなります。安定している企業の代表はインフラ系の企業です。ただし、かつては自己資本比率の低かった電力業界などは、東日本大震災の前後で状況は変わっています。ベンチャー企業は通常大きな借り入れはできませんから、必然的にリスクマネーである自己資本（エクイティともいいます）での資金調達が増えます。その結果、自己資本比率も高くなってしまうのです。

## KPIの使い方

この数値を気にするのは経営陣や財務責任者です。現場ではほとんど意識されません。ただし、自己資本比率が高いということは、資本コストの高い自己資本の比率が高いということですから、現場でも高いレベルの利益率が要求されることになります。

自己資本の方が有利子負債（デット）より資本コスト【＊33】が高いというのはややピンときませんが、自己資本はいざ会社に何かあったとき、有利子負債より返済が劣後になりますので（借金の方が株主への返済に先立つ）、ハイリスク・ハイリターンの資金提供となります。それゆえ、自己資本比率の高い企業は、高いリターンが求められるのです。

３９０ページでも触れたように、概念としては最適資本構成というものがあります。あるレベルまでは負債の有効活用の効果が勝りますが、一定レベルを超えると倒産リスクの方が高まるというものです。ただし、最適資本構成を求める方法論はいまだ確立していませんので、経営状況なども勘案して適切と思われる自己資本比率を模索するのが一般的です。

## 補足・注意点

この指標も会計方針のトリックで見た目と実態が変わってくることがあります。３８７ページでも触れたように、好立地に土地を保有する企業は簿価ベースでの自己資本比率は低くても、見た目以上に安全度が高いといえます。

また、企業規模が大きくなりすぎると、いわゆる「Too big to fail」の状態となり、国としてもつぶすにつぶせなくなります。かつての銀行やダイエーなどがその例です。そうしたケースでは公的資金が投入されたり、借金の棒引きが行われたりします。

**関連ＫＰＩ**

財務レバレッジ

WORDS

081

ACCOUNTING

# 当座比率

**流動負債に対する当座資産の比率。当座資産は、流動資産から棚卸資産（在庫）を除いたもの**

KPIの設定例

**当面資金繰りに問題はないが、当座比率はここ数年並みの120%は維持しよう**

**数値の取り方／計算式**

当座資産÷流動負債

**主な対象者**

経営者、財務責任者

## 概 要

この指標も企業の安全性を示す代表的な数値です。似たような指標に流動比率（流動資産÷流動負債）がありますが、流動資産の多くを占める棚卸資産は往々にして換金が難しいため、流動比率が高くても、実際には資金繰りに寄与しないということがままあります。そこで、より保守的に厳しく見るなら、この当座比率の方が企業の安全性を示す指標としては好ましいのです。それゆえ、英語では「厳密なテスト」を意味する「Acid Test Ratio」と呼ばれたりします。

この比率は、表現を変えれば、ほぼ「売掛金＋現金・現金等価物」を「買掛金＋短期借入金」で割ったものになります。

## ＫＰＩの見方

この数値を気にするのも経営陣や財務責任者です。当座比率のめどは在庫の換金性によっても変わってきますが、一般的には90％あるいは１００％以上が良いとされ、70％以下はやや不安とされます。換金性の高い在庫（陳腐化しにくく、汎用性の高いもの）がある場合はもう少し目標値は下がります。

## KPIの使い方

この数値は現場レベルで意識されることはほとんどありません。先述の式からもわかるように、売掛金を早期に回収して現金化しても、計算値そのものは変わりませんから、現場で直接的にできる努力は限定されるのです。

経営陣や財務責任者としては短期借入金を減らす努力を日常からしておくことが必要です。具体的には、やはり利益を上げることで借入金の必要性を下げるのが最もわかりやすいでしょうから、現場に利益を上げるように指示をすることが必要です。

また、資本コストは高くなりますが、増資による資金調達のめどを立てておくことも有効です。もっとも、増資するためには売上げや利益が順調に上がっていることが必要ですから、結局は適切に売上げを上げ、コストを減らし、不要不急の投資はしないといった当たり前のことを日常から行うことが必要です。逆にいえば、当座比率が70%を大きく割り込まないように売上計画や利益計画を立て、それをしっかり実行していくことが必要となります。

## 補足・注意点

当座比率と比較的近い意味合いの指標に手元流動性比率があります。これは、現預金や償還期限が1年以内の有価証券など、換金性の高い流動資産を1日あるいは1カ月当たりの売上高で割ったものです。支払い能力の余裕度を示します。大企業では1カ月程度あれば問題ないとされますが、中小企業では1カ月半から2カ月程度は持っておきたいとされます。

こうした指標もあわせて安全度を総合的に見ることが必要です。

**関連KPI**

流動比率、手元流動性比率

WORDS

082

ACCOUNTING

# 在庫回転期間

**在庫（棚卸資産）がどのくらい効率よく売れて現金化されていったかを日数で表したもの**

KPIの設定例

**景気も下降局面だし、うちの事業部は昨年並みの30日の在庫回転期間を目指そう**

**数値の取り方／計算式**

棚卸資産÷（売上原価÷365日）

棚卸資産回転率＝売上原価÷棚卸資産もよく用いられる

**主な対象者**

経営者、財務責任者、事業責任者、生産担当者、仕入担当者、マーケティング担当者、営業担当者

## 概要

コンサルティングや法律事務所などの高度知識型のサービス業やデジタルコンテンツ販売業などでは、あまり在庫という概念は重要ではありません。しかし、製造業や小売業などでは、事業の特性上、一定レベルの在庫を持つのが普通です。商材のタイプにもよりますが、あまりにも長く在庫が社内に残っていることは、好ましいことではありません。業界平均に比べてこの数字が大きすぎる企業は在庫管理やキャッシュマネジメントが下手な会社といえます。

## KPIの見方

在庫は、それがないと売上げにつながりませんから製造業や小売業では必須のものです。特に小売業では「品揃え」の良さが顧客を引き付けるという要素もありますので、それをいかに魅力的なものにするかは非常に大切な論点となります。

一方で、在庫はそれを製造したり購入するためのお金を必要とします。これは通常、販売に先立ちますので、在庫を豊富に持ちすぎることは企業のキャッシュフローを圧迫する、つまり資金の手当てをしなくてはならないことを意味します。また、貴金属などの例外を除けば、在庫を長く持ちすぎることは、製品・商品の陳腐化、さらには廃棄ロスや極度の値下げにつながり、収益性を損ねます。したがって、一定レベルの在庫は必要なものの、在庫回転期間が長くならないようにするのが一般的です。

業界特性や景気の好不調にもよりますが、一般的には1カ月強程度が在庫回転期間のめどとされます。全産業に比べると、製造業ではやや長くなる傾向があります。

## KPIの使い方

この指標は、経営者や財務責任者、事業部長などはもちろん、生産、調達、マーケティング、販売部門など、多くの部署の人間が意識します。それだけ部門横断的な数字といえるでしょう。

小売業では店舗ごとの比較もよくなされます。同じチェーン店にもかかわらず、店舗間で大きく差がある場合には、仕入担当者の力量の差か、店舗内の売り方の差なのかといった分析を行い、原因をつぶしていきます。

製造業では製品在庫と仕掛在庫、部品在庫を分けて考えることも一般的です。製品在庫は製品力や販売力の問題ですが、仕掛在庫や部品在庫が増加しているといった状況は、通常は調達や生産プロセスの巧拙の問題となります。

## 補足・注意点

この数字は一般的には短い方がいいのですが、それを意識するあまり、顧客に売れ筋ではない品を強引に売ろうとすると、通常は顧客の不興を買うものです。現場レベルにこの数字を強調しすぎると往々にしてそうしたことも起こりがちとなります。顧客満足と在庫調整やキャッシュマネジメントの間で適度なバランスをとることが望まれます。

**関連KPI**

CCC、売上債権回転期間、仕入債務回転期間

WORDS

083

ACCOUNTING

# CCC

## （キャッシュ・コンバージョン・サイクル）

**商品・原材料などの仕入れで発生した仕入債務を支払ってから、売上げにより発生した売上債権が回収されるまでにかかる日数のこと。棚卸資産回転期間＋売上債権回転期間－支払債務回転期間と、3つの項目の足し算、引き算で計算される**

KPIの設定例

**この新事業はなるべく顧客が早期にキャッシュを支払う設計にして、CCCもゼロを目指そう**

**数値の取り方／計算式**

棚卸資産回転期間＋売上債権回転期間－支払債務回転期間

**主な対象者**

経営者、財務責任者、事業責任者、生産担当者、仕入担当者、マーケティング担当者、営業担当者

## 概要

企業にとって資金繰りは非常に重要な経営上の論点です。CCCが短い企業は資金繰りに余裕がある企業といえます。現金（キャッシュ）が潤沢な企業であればそれほどCCCを気にしなくてもいいのですが、資金が限定されるベンチャー企業などでは、「Collect early, Pay late」といわれるように、現金化は極力早く、支払いは可能なら遅くするのが鉄則といわれています。前項で説明した在庫回転期間の要素に加え、顧客との交渉力や仕入先との交渉力が効いてくる指標です。

ファイナンスの側面では、運転資本（棚卸資産＋売上債権－支払債務）と表裏一体の関係にある数字でもあります。

## KPIの見方

この数字は業界や企業規模によって差があります。日本の大手自動車メーカーなどは2カ月程度とされていますが、重電になると3カ月を超えることも珍しくありません。製造業でも足の早い清涼飲料などでは比較的短く1カ月弱、小売りなども概ね短くなっています。また、企業規模が小さい方が通常キャッシュに余力がないため、多少CCCが短い傾向があります。

## KPIの使い方

この指標も、経営者や財務責任者、事業部長、生産、調達、マーケティング、販売部門など、多くの部署の人間が意識する部門横断的な数字です。資金繰りにダイレクトに効いてくるという意味では、経営者や財務責任者がより強く意識する数字ともいえます。棚卸資産回転期間に加え、売上債権回転期間、支払債務回転期間の３つの要素が効いてくるため、棚卸資産回転期間よりもさらに多くの人々の協力がないと改善しない数字です。この数字を改善することは、４４６ページで述べるＥＶＡの向上にもつながり、長期的には企業価値の向上にも寄与します。

通常、この数字に責任を持つのは財務責任者や事業部長レベルです。そしてこの数字を上げるべく、現場に指示を出します。例えば営業担当者に対しては、なるべく早く現金を回収できるような契約を結ぶよう動機づける、あるいは支払いが滞っている顧客がいれば、いち早く察知し、代金回収を徹底するなどです。仕入担当者に対しては、取引先に支払いサイトを長くできないかという交渉をお願いすることもあります。

最も良いのは、ビジネスモデルを最初からＣＣＣが短くなるよう設計することです。例えばアマゾンのマーケットプレイス事業はＣＣＣがマイナスという驚異の数字となっています。アマゾンの販売能力をベースとした交渉力の強さならではともいえますが、初期の事業の構想時にこうしたことを考えることも大切です。

## 補足・注意点

企業としてこの数字を小さくする努力は必要ですが、やりすぎると「あの会社は資金繰りが厳しそうだが、大丈夫なのか？」という不信感を招くこともあります。原材料を売った企業からしたら、「支払いをもう少し待ってくれ」などといわれたらそう考えても不思議はないでしょう。それで取引が縮小しては本末転倒です。闇雲なやり方は避ける方が賢明です。

**関連ＫＰＩ**

棚卸資産回転期間、売上債権回転期間、支払債務回転期間、運転資本、ＥＶＡ

WORDS

084

ACCOUNTING

# 固定費

**短期的なマネジメントサイクルにおいて、仮に売上げが生じなくても発生する費用。資源購入にコミットした費用ともいえる**

KPI
の
設定例

**先行きが見えない中、固定費を減らすことは急務だ。現在15億円の固定費をこの1年で14億円程度には減らそう。それを各事業部に割り振ると……**

**数値の取り方／計算式**

本文を参照。簡便版としては勘定科目法が用いられるが、慎重を期すなら回帰分析法もあわせて用いるのが好ましい

**主な対象者**

経営者、財務責任者、事業責任者

## 概要

固定費の具体的な内容としては、正社員の人件費やオフィスの賃借料、減価償却費などがあります。広告費や開発費も固定費的要素の強い費用です。売上げに応じて増減する変動費（原材料やアルバイトの人件費）に比べ、一般的には、より企業活動にとって重要な費用といえます。

会計（特に管理会計）においては、固定費と変動費の別、次項とその次の項で紹介する限界利益率や損益分岐点売上高を非常に重視します。どのようなタイプのコストで自社のビジネスが成り立っているかを知ることで、目標とする売上高を決めたり、自社のリスクについても理解が深まるのです。

固定費は「自ら売上変動のリスクをとった費用」とみなすこともできます。それゆえ固定費の大きなビジネスモデルは、同業の固定費を変動費化したビジネスモデル（例：製造業におけるファブレスメーカー[*34]）などに比べると、ハイリスク・ハイリターンとなり、$\beta$（432ページ参照）も大きくなります。

## KPIの見方

固定費は企業活動の中核となる重要な費用である一方で、簡単には減らせないという難しい問題もあります。これを固定費の下方硬直性といいます。特に日本においては、仮に赤字になったとしても正社員を指名解雇することは非常に難しいですし、すでに設備投資してしまった工場の減価償却費を減らすことも容易ではありません。

そこで悩ましい問題となるのは、特に成長を志す企業にとって、どのくらいまで固定費を増やすべきかという問題です。成長に自信があるのであればどんどん正社員を採用し、オフィスもどんどん借り増せばいいのですが、そのようなことをして仮に売上げが停滞すると一気に赤字体質となってしまいます。一方で、慎重になりすぎて成長できる機会を逃すのも好ましいことではありません。経営者にとって、どこまで固定費を増やすかの判断は容易ではないのです。

なお、固定費額の見積もりは、簡便法としては費用項目ごとに「これは固定費、これは変動費」などと分ける勘定科目法がよく用いられます（その他に、月次ベースや四半期ベースでの売上げと費用の挙動から回帰線を引いて求める回帰分析法【＊35】などもあります）。

## KPIの使い方

固定費の設定は、事業ごとの売上げ成長予測などを踏まえたうえで、最終的には経営者が決めることになります。そしてそれを改めて各事業部に割り振ることとなります。近年はリスクが増していますので、比較的権限移譲されている企業でも、固定費増額についてはより上位層の承認を得る必要があることが多いです。

## 補足・注意点

近年、固定費を変動費化する企業が増えています。正社員を減らして契約社員を増やすといったことなどがその典型です。ただ、これは企業にとってはリスク低減になる一方、安定雇用を望む従業員の満足度を下げたり、採用競争力を低下させる可能性もあります。製造業におけるファブレスメーカーへの転換（特に海外への製造委託）も、製造ノウハウの蓄積が止まったり、製造業の発言力の源泉でもある「地元での雇用創出」を減らすことにつながります。

リスク低減と企業力強化のバランスの中で、どのくらい固定費（特に人件費）を持つかを決めるのは難しい問題なのです。

**関連KPI**

変動費率、**限界利益率**、**損益分岐点売上高**

〉WORDS〈

085

ACCOUNTING

# 限界利益率

**売上げから変動費を除いた限界利益が売上げに占める比率**

KPI
の
設定例

**この新製品は競争力がある製品だから、〇〇円の価格設定をしよう。そうすると概ね変動費率は20%と計算されるから、限界利益率は80%になる。いずれ値下げも必要だろうが、コストが下がれば70%以上の限界利益率を維持することは可能だ**

**数値の取り方／計算式**
(売上高－変動費)÷売上高

**主な対象者**
経営者、財務責任者、事業責任者、プロダクト責任者、マーケティング担当者

## 概要

売上げを上げたときにそれに比例して発生する費用が変動費です。原材料費などがその典型です。小売業では商品の仕入額が変動費のかなりの部分を占めます。出版社では本を作る際の用紙や印刷の費用のほかに著者に支払う印税（通常10％）なども変動費となります。

このような変動費を売上げから除いたものが限界利益で、それが売上げに占める比率を限界利益率といいます。売上げを上げたときにまず手元に残る利益の比率といえます。限界利益率が高い製品・サービスほど、仮に同じ額売れるとすれば、固定費や固定的な先行投資を早く回収してくれることになります。

## KPIの見方

この指標は、企業レベル、事業レベル、製品レベルなど、さまざまなレベルで考えることができます。

限界利益率は製造業であれば、効率的にモノを作ることでも上がりますし、顧客に対して高価格を実現できる付加価値の高い製品を作ることでも上がります。商材の特性にもよるので、限界利益率が高いものが良い商材というわけではありませんが、ライバル企業などに比べて限界利益率が高いことは好ましいといえます。

## KPIの使い方

この指標は、評価という側面以上に、ビジネスモデルを構想したり、どの製品を優先的に作るべきかを判断したりするときに役に立ちます。

例えばコピー機のビジネスは、機械の価格はあえて低めに設定してリースや販売を容易にする一方で、トナーや紙といった消耗品、あるいはメンテナンスサービスの契約といった付帯的製品・サービスの限界利益率を高く設定することで、トータルの利益の最大化を図っています。

どの製品を優先的に作るかということについては、同じ額だけ売れる見込みがあるなら、限界利益率の高い製品を優先して作る方がいいということになります。ただし、一般的には「同じ額だけ売れるなら」という前提が成り立つシーンは少ないので、供給力も勘案したうえで、結局はどちらの方が手元に残る限界利益の総額が大きくなるかで判断をします。

なお、仮に最終の利益見込みが赤字の場合でも、限界利益率がプラスであるならば、何もしないよりも作って売る方がいいという判断をします。限界利益率がプラスである限りは、赤字幅の縮小に寄与するからです。

## 補足・注意点

時々、限界利益率がプラスだからといって極端な値引きをするケースがありますが、それは顧客の不公平感を招き、得策ではなくなる場合もあります。例えば満員ではないスポーツ会場において、30分遅れてきたお客さんに、定価３０００円のチケットを５００円で売るのがいいかといえば微妙でしょう。その瞬間は確かに多少利益が増えるかもしれませんが、そのような噂が広がると、結局間接的な値下げ圧力につながる可能性があるからです。

**関連ＫＰＩ**

**固定費**、変動費率、損益分岐点売上高

WORDS

086

ACCOUNTING

# 損益分岐点売上高

**この売上高を超えれば固定費を回収して黒字になるという売上高。英語ではBreak-Even Pointと呼ばれ、BEPと略される**

| KPIの設定例 | 今年は利益額目標が20億円だから、現在見込んでいる固定費と限界利益率から計算すると、250億円の売上げは必須だ |
|---|---|

**数値の取り方／計算式**

固定費÷限界利益率

限界利益率＝(売上高－変動費)÷売上高

**主な対象者**

経営者、財務責任者、事業責任者、プロダクト責任者、マーケティング担当者

## 概要

企業や事業部は通常、黒字が求められますので、「どれだけ売れれば黒字化するのか」を把握しておくことは非常に大切です。実際の売上高に比べ、この数字が低い企業は余裕を持って利益を出せている企業といえます。

## KPIの見方

損益分岐点売上高は、企業レベル、事業レベル、製品レベルそれぞれで設定することができます。新しい期の数字を把握することも大事ですが、過去にどのくらいその数字を上回ってきたか（余裕度がどのくらいあったか）も把握しておくべきといえる

図15　損益分岐点売上高

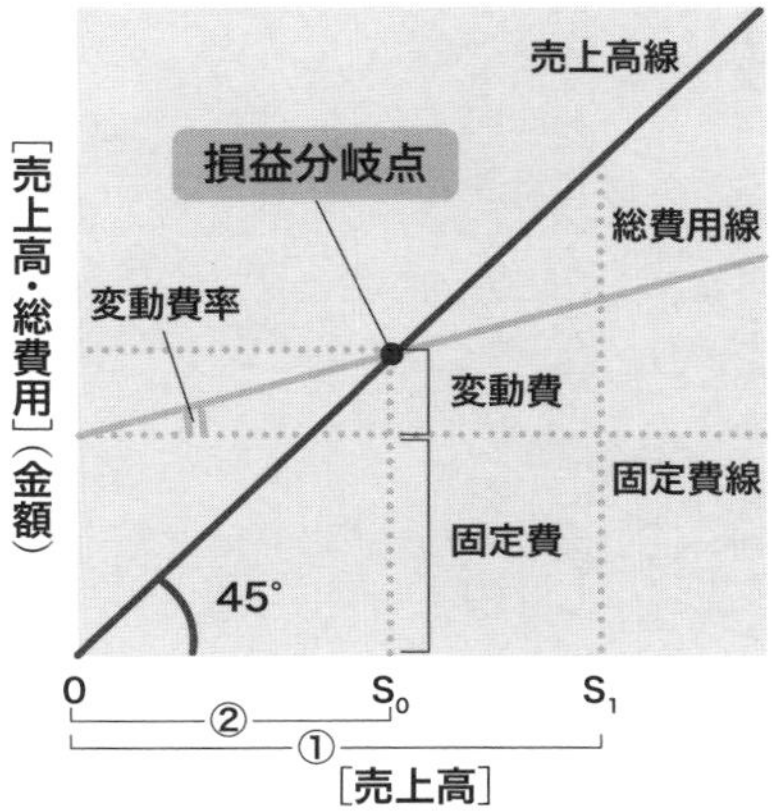


損益分岐点は利益が0になる点（$S_0$）なので
売上高－変動費－固定費＝0…（A）
また
限界利益＝売上高－変動費
なので、（A）より、損益分岐点においては
限界利益－固定費＝0
∴限界利益＝固定費…（B）
また
限界利益＝限界利益率×売上高
（売上高＝限界利益／限界利益率）
なので、（B）より

損益分岐点売上高＝固定費／限界利益率

$S_0$：損益分岐点売上高　　$S_1$：実際売上高
②÷①＝損益分岐点比率

でしょう。例えば図15に示した損益分岐点比率が80％であれば、売上げが8割に減ってもギリギリ赤字にならないことを意味します。

## ＫＰＩの使い方

この指標は、他の数字の計画の中で決まってくることが多いため、これそのものの目標設定をいの一番にすることは少ないです。しかし、期中に年間としてこの数字に達しない可能性があることがわかれば、それを達成すべくアクションを起こすことになります（特に企業レベル）。例えば営業のテコ入れをする、固定費を下げる（例：オフィススペースを解約するなど）といったやり方です。

## 補足・注意点

この指標はまた、利益目標を達成するための売上げを求める式に援用することもできます。その場合、式の分子に来る「固定費」を、「固定費＋目標利益」で置き換えます（図16で確認してください）。

**関連KPI**

**固定費**、変動費率、**限界利益率**、損益分岐点比率

### 図16 ある利益を残すための目標売上高

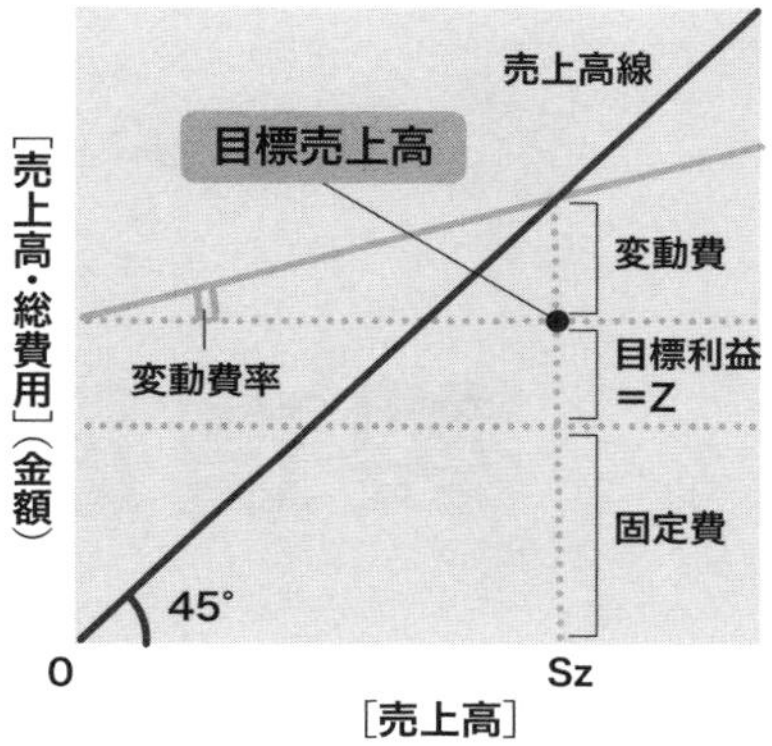


目指したい売上高は利益がZになる点(Sz)なので

売上高－変動費－固定費－Z＝0…(C)

限界利益＝売上高－変動費

なので、(C)より、利益がZになる点においては

限界利益－固定費＝Z

∴限界利益＝固定費＋Z…(D)

限界利益＝限界利益率×売上高

なので、(D)より

**目標売上高＝(固定費＋Z)／限界利益率**

WORDS

087

# 製造原価

**その期に製造した製品の原価。特に製造業において重視される指標。製造コストということもある**

KPI
の
設定例

**うちは業界ナンバー2だ。同じタイプの製品について、トップのA社の製造コストは30万円と聞く。うちもせめてその5%以内、31.5万円以下に製造原価を下げたい**

**数値の取り方／計算式**
本文を参照

**主な対象者**
事業責任者、製造責任者、仕入担当者

## 概要

製造原価、あるいは1個当たりの製造原価は製造業において競争力に直結する数字です。仮に同レベルの製品を作ったときに、ライバル企業に比べて1個当たりの製造原価が低いということは、それだけいざとなったときに価格競争をできる余地がある、あるいはもし同じ価格を付けられるならその分粗利が厚くなることを意味するからです。その意味で、メーカーの競争力を最も左右する数字の1つといえるでしょう。

原価計算にもいろいろな手法がありますが、代表的な直接原価計算の手法では、変動費のみを製品原価に含め、固定費についてはその期間に特有の期間原価とします。

## KPIの見方

ある製品の1個当たりの製造原価は、顧客が受け入れる品質を前提にした場合、当然安い方が有利です。多くの業界では、シェアトップの企業が規模の経済性[*36]や経験曲線[*37]などを活かして最も安い1個当たりの製造原価を実現しています。

ただし、競争がグローバルにまたがる場合には、人件費や地代といった要素コスト[*38]の差がこれらの効果以上に効いてくることがあります。家電など、かつて日本が世界を席巻した分野において、近年、アジア企業に勝てなくなっているのは、その部分でのコスト差が大きく効いた結果です（近年では規模・シェアの面でも逆転されたため、ますますコスト競争力を失いつつあります）。

## KPIの使い方

特に生産部門の担当者はこの数値に責任を持つことが多いです。営業やマーケティングの人間とも話し合い、競争力のある価格とすべく、そこから逆算して目標とする原価を「作り込む」といったことを行います。

製造コストはさらに原材料費や人件費などにブレークダウンし、そこでも目標を設定するのが一般的です。そのうえで月次や四半期単位などでＰＤＣＡを回し、価格差異（人件費や原材料の単位当たりのコストの差異に由来する差異）と数量差異（同じく、使用した数量の差異に由来する差異）にブレークダウンして、さらなるコスト低減を図るといった行動をとります。

原材料の比率が大きな製品では、調達担当者にもそうしたブレークダウンされたＫＰＩが課され、仕入先との交渉や、場合によっては仕入先の変更などを検討することが求められます。

### 補足・注意点

右記では「営業やマーケティングの人間とも話し合い」と書きましたが、企業によってはこの部分がおろそかになっていることがあります。そうなると、「1個当たりの製造原価」をＫＰＩとされた生産責任者は、この数値を下げるために、固定費を分散するために、売れようが売れまいがたくさん作ろう。売れなかったら営業のせいにすればいい」と考え、販売予測以上に製品を作ることがあります。これでは在庫に悩まされることは必然です。やはりバリューチェーンを通じたコミュニケーションは大切なのです。

**関連ＫＰＩ**

売上原価、原材料費、労務費、製造間接費

WORDS

088

# EBITDA

**EBIT（≒営業利益）に減価償却費と償却費を足した数字。営業キャッシュフローに近い数字となる。イービットディーエーあるいはイービットダーなどと呼ばれる**

KPIの設定例

**IRミーティングにおいて海外投資家からもっとEBITDAを上げてほしいとの要望があった。不要不急の投資を控えれば、現在の目標営業利益1000億円を前提とすれば、EBITDAも1400億円は確保できそうだ**

**数値の取り方／計算式**

EBITDA＝EBIT＋減価償却費＋償却費

**主な対象者**

経営者、財務責任者

## 概要

ＥＢＩＴに有形固定資産（設備投資など）に関わる減価償却費（Depreciation）や、無形固定資産（特許や商標、営業権など）に関わる償却費（Amortization）を足し戻したＥＢＩＴＤＡは、営業活動で生み出したキャッシュフローに近い数字です。減価償却費や償却費は、Ｐ／Ｌ的には費用計上されますが、キャッシュアウトが生じたのはすでに過去の話で、その期にはキャッシュは出ていかないからです。この数字が大きな企業は本業でキャッシュを稼いでいる企業といえます。

１９９０年代頃から、アメリカの影響を受けて、日本でも財務会計上の数字よりもキャッシュフローをより重視していこうという機運が広がりました。それとほぼ軌を一にして日本でも使われ始めたのがこのＥＢＩＴＤＡです。

## ＫＰＩの見方

この指標のメリットに、企業や国ごとに異なる会計方針【＊39】の差（例：減価償却の方法に定率法を用いているか定額法を用いているか）といった要素抜きに、企業が稼いだキャッシュフローを比較できるという点があります。例えば定率法で巨額の設備投資をすれば、どうしても実態以上に初期の利益が圧縮されて見えることになります。しかしＥＢＩＴＤＡではそれらは足し戻されるので、経年の比較などもしやすくなるのです。なお、同じ業界の企業を長期のスパンで見れば、結局はＥＢＩＴＤＡの大きな会社は、ＥＢＩＴの大きな会社と一致してきます。

日本ではソフトバンクグループの孫正義会長が、かなり昔からこの指標を他の利益指標以上に重視して経営を行ってきたことで有名です。ビジネスでも資金調達の面でも海外志向の強い同社ならではといえるでしょう。

## ＫＰＩの使い方

新規の投資などをしなければ、減価償却費や償却費は事前に決まってきます。それゆえ、ＥＢＩＴＤＡは目標となる営業利益≒ＥＢＩＴを設定すれば自動的に決まってくることになります。逆にいえば、目標ＥＢＩＴＤＡを決めれば自動的に目標営業利益が決まるともいえます。

海外ではＥＶ／ＥＢＩＴＤＡという、企業価値をＥＢＩＴＤＡで割った数字を見ることで株価の割安感や企業買収価格の妥当性を判断することがあります（ＥＶはEnterprise Value＝企業価値）。それゆえ、海外投資家を重視するのであれば、まずこの目標ＥＢＩＴＤＡを決め、そこから営業利益を設定するということもあります。もちろん、期中に新規の設備投資などを予定する場合には、それも見込んで目標ＥＢＩＴＤＡを設定します。

この数字は事業部単位に落とし込むことも可能ではありますが、それで事業部の評価を行っている企業は日本ではまだ多くありません。その意味で、ＥＢＩＴＤＡは投資家を意識した全社レベルの数字と考えておいていいでしょう。

## 補足・注意点

ＥＢＩＴＤＡに似た指標にＥＢＩＴＡがあります。これは、有形資産に関わる減価償却費を足し戻さなかったものです。ＫＰＩとして使われることはＥＢＩＴＤＡに比べると少ないですが、ＲＯＩＣ（４４０ページ）を求める際には、分子にＥＢＩＴ×(１－実効税率）ではなく、ＥＢＩＴＡ×(１－実効税率）を使う方がいいという学説もあり（実際にそれで解説している教科書もあります）、財務の実務家であれば知っておくべき指標といえます。

**関連ＫＰＩ**

ＥＢＩＴ、ＥＢＩＴＡ

〉WORDS〈

FINANCE

089

# フリーキャッシュフロー（FCF）

**100%株主資本で資金を賄った場合のキャッシュフロー。つまり、無借金を仮定した場合のキャッシュフロー。企業にとっては、事業で稼いだキャッシュのうち、自由に使える分を指す。ファイナンスの超重要概念**

KPIの設定例

**今年は積極的な投資を行う予定だから、FCFもマイナス100億円程度になるだろう。ただし、営業キャッシュフローが50億円を割る事態は避けたい**

**数値の取り方／計算式**

FCF＝EBIT×（1－実効税率）＋減価償却費－投資－運転資本増分

**主な対象者**

経営者、財務責任者、事業責任者、プロジェクトリーダー

## 概要

まず企業レベルでは、ＦＣＦは営業キャッシュフロー－投資キャッシュフロー（財務諸表では投資をマイナスの数値で表記しますが、ここでは投資額をプラスで表しています）とみなせます。自由に使えるお金ですから、投資するもよし、配当で株主還元するもよし、最終的には経営者の判断にゆだねられます。

プロジェクト評価のレベルでも、このＦＣＦが重要な役割を果たします。４３７ページで後述するように、予測される将来のＦＣＦを見積もり、現在価値に割り戻してプロジェクトのＧＯ／ＮＯ ＧＯを決めるという方法（ＤＣＦ法：Discounted Cashflow法）がグローバルスタンダードかつ基本となる考え方です。

## KPIの見方

企業レベルでは、ＦＣＦは多い方がいいように思えます。しかしそれは、将来の競争力強化に向けた投資を怠った結果、投資キャッシュフローのマイナスがなく、営業利益が出ているだけかもしれません。したがって、その企業の戦略や投資の内容なども精査したうえでこの数字を見ないと判断を誤ることもあります。

投資判断の予測ＦＣＦは多いに越したことはありません。ただし、投資判断で用いるＦＣＦは基本的に予測数値ですので、実際にそのＦＣＦが得られる保証はありません。なぜその予測を立てたかの根拠が重視されます。

## ＫＰＩの使い方

企業レベルのＦＣＦについては、先述のような事情もあり、目標数値を設定し、達成したとしても内容が伴わなければ意味がありません。一般論としては、営業キャッシュフローと投資キャッシュフローを分けて考える方がいいでしょう。これは目標数値を事業部にブレークダウンする場合も同様です。その際には、事業ポートフォリオのバランスも重要です。仮にボトムアップで上がってきた目標の合計が全社のそれと一致したとしても、ある事業部には投資を控えさせ、それを別の事業部の投資に充てるといった調整が必要になるかもしれません。

投資判断のためのプロジェクト予測のＦＣＦは、項目別にその根拠をしっかりさせることが大事です。プロジェクトの担当者は往々にしてプロジェクトを通したいがあまり、安易な数字を目の子勘定で作る場合があります。特に予測営業利益の大前提ともなる予測売上高は通常楽観的なものになりがちです（実際には予測を90％以上下回るということもざらです）。未来を正確に予測することはできませんが、それでもその根拠は何なのか、どのような施策を打てばその数字になるのかなどはしっかり議論することが大切です。

## 補足・注意点

全社レベルのFCFはEVA（444ページ参照）と比較するとその性格がさらに明らかになります。FCF＝EBIT×(1－実効税率)＋減価償却費－投資－運転資本増分【*40】であるのに対し、EVA＝EBIT×(1－実効税率)－Σ*I*×WACCとなります（Σ*I*×WACCは正味投資額。444ページ参照）。この2つは長期にわたってその現在価値を合計すると同じになります。FCFが各年の投資によって変動しやすいのに対し、EVAは毎年の変化がマイルドになり、それゆえ時系列の管理もしやすいというメリットもあるのです。

**関連KPI**

営業キャッシュフロー、投資キャッシュフロー、EVA、NPV

〉WORDS〈

FINANCE

090

# WACC
# （加重平均資本コスト）

**資金の提供者、すなわち銀行や社債の買い手と、株主という自己資本の出し手から資金を調達する場合の加重平均コスト。英語のWeighted Average Cost of Capitalの略**

KPIの設定例

**WACCは昨年並みの資本構成と景気の先行きを前提にすれば5.9%から6.2%の間だろう。この範囲で安定させるようにしよう**

**数値の取り方／計算式**

$WACC=D/(D+E)*(1-t)*r_D+E/(D+E)*r_E$

$r_E=r_f+\beta*\{E(r_M)-r_f\}$

ただし、Dは有利子負債総額、$r_D$は負債コスト、Eは自己資本総額、tは実効税率、$r_E$は自己資本コスト。$r_f$はリスクフリーレート（通常は国債の金利）、$\beta$は市場の株価変動に対する自社の株価変動の度合い、$\{E(r_M)-r_f\}$はマーケットリスクプレミアム［＊41］

**主な対象者**

経営者、財務責任者

## 概要

ＷＡＣＣはファイナンスの世界ではあらゆる場面に顔を出す非常に重要な概念です。企業レベルでは、ＲＯＩＣのハードルレートとなりますし、ＮＰＶ（４３６ページ）を計算する場合の割引率ともなります。ＩＲＲ（４３９ページ）を計算する場合のハードルレートともなります。

## KPIの見方

有利子負債（デット）のコストは自己資本（エクイティ）のコストよりも低いうえに、有利子負債には節税効果もありますから、自己資本のコストの方がはるかに高くなります。つまり、調達資金に占める自己資本の比率が高いほど、ＷＡＣＣは上がることになります。配当さえ出さなければ現金支出がないエクイティにコストがあるという考え方は、つい20年ほど前には大企業にさえあまり浸透していませんでしたが、近年では株主に報いないと株価が下がるといったことが明確になったこともあり、浸透してきました。ただし、その算出方法は４３２ページの式にもある通りやや複雑で、正しく説明できる人間は稀といえるでしょう。

ＷＡＣＣはリスクが高く、自己資本の比率も高いベンチャー企業などでは高くなります。逆に、インフラ企業で規模も大きなガス会社や鉄道会社などでは小さくなります。

## ＫＰＩの使い方

この数値を意識するのは主に経営者と財務責任者です。現場レベルでも、ＮＰＶなどを計算する際には用いるので意識はしますが、自分ではどうにもコントロールできない所与の数字であると認識します。

ＷＡＣＣは先述のような事業の特性や資金提供者の意向、その時々の政策金利や株式市場の動向といったさまざまな要素が絡んでくるため、ＣＦＯであっても簡単に変えられるものではありません。バランスのいい最適資本構成を目指すことがまずはＣＦＯの役割となります。ＷＡＣＣはその結果として半ば自動的に決まるともいえます。

とはいえ、負債の調達などは、金融機関によっても金利は多少異なりますし、固定金利か変動金利かによっても変わってきます。銀行を一行に絞るか分散させるかという問題も一長一短あります。そうしたさまざまな要因も勘案したうえで、銀行や債権者などに適切に情報を伝え、可能な範囲でＷＡＣＣを下げることを目指すことも必要です。

## 補足・注意点

グローバル企業の場合はどの国に進出し、どの国で資金調達するかでＷＡＣＣが大きく変わるといいます。国ごとに有利子負債の金利も変わりますし、実効税率も異なります。企業のグローバル化が進むほど、経営者やＣＦＯの手腕が問われるといえます。

COLUMN

旭硝子（現ＡＧＣ）はかつてキャッシュフロー重視の経営を進める中で、管理会計上、国内のＷＡＣＣをあえて高めに設定するということをしました。これはいい換えれば「国内でビジネスをしていると損をする。リスクをとってでも海外に出ていってリターンを得る方がいいよ」という社内に対するメッセージでもあったのです。

**関連ＫＰＩ**

財務レバレッジ、負債コスト、自己資本コスト

WORDS

091

FINANCE

# NPV
## （正味現在価値）

**ファイナンスにおいてプロジェクトに投資するかやめるかを決める指標。カタカナでネットプレゼントバリューと呼ばれることも多い**

KPIの設定例

**何とかうちの事業部でもNPVがプラスの新規事業を3つ程度は走らせたい**

**数値の取り方／計算式**

$$NPV = \sum_{n=0}^{N} \frac{FCF_n}{(1+r)^n}$$

$FCF_n$ → キャッシュフロー

$(1+r)^n$ → 現在価値

$$r = WACC = \frac{D}{D+E} r_D(1-t) + \frac{E}{D+E} r_E$$

WACC → 加重平均資本コスト

t＝実効税率

**主な対象者**

経営者、財務責任者、事業責任者、プロジェクトリーダー

## 概要

ＮＰＶはファイナンスのあらゆるエッセンスが詰まっている重要概念といえます。将来にわたるＦＣＦをＷＡＣＣを用いて現在価値に割引き、その合計がプラスかマイナスかで投資の可否が決まります。投資の良否を峻別する指標ともいえます。

## KPIの見方

ＮＰＶは他のＫＰＩとは異なり、そのプロジェクトを開始すべきか否かを判断するものであって、年間や四半期でＰＤＣＡを回すという類のものではありません。その意味でＫＰＩの意味である「重要業績評価指標」といえるか否かは多少微妙ではあるのですが、ビジネスパーソンとして理解しておかないと問題のある数値でもあるので、ここに取り上げています。

ＮＰＶはプラスかマイナスかが大きな分水嶺ですが、当然ながらプラスの数字が大きいことは好ましいことです。そのプラスが実現すれば、その分企業価値が高まることを意味するからです。投資家から見れば、ＮＰＶが大きなプラスのプロジェクトを多数抱えている企業は魅力的な投資対象となります。

## ＫＰＩの使い方

ＮＰＶは、４３６ページの式を見れば、これまでに解説した予測ＦＣＦと想定されるＷＡＣＣが決まれば自動的に決まるように思われます。しかし、実務的にはそのプロジェクトが何年続くかを決め、最終年に残存価値【*42】を求めるという計算プロセスをとります。その残存価値の求め方には、そこでプロジェクトを清算するという考え方や、ある前提の下でプロジェクトが続き、それを最終年度時点での価値に割り戻すという考え方などがあります。それ次第でＮＰＶが大きく変わることもあるので、ＮＰＶを評価する側は、その根拠についてしっかり説明してもらうことが求められます（ＣＨＡＰＴＥＲ２、ＣＡＳＥ２の図９参照のこと）。

ＮＰＶはまた、最終的な1つの計算結果ですべてを決めるのではなく、感度分析（ある変数の数値を変えると最終結果がどう変わるかを見るシミュレーション的な分析）の結果も大事です。例えばＦＣＦが毎年５％程度減るだけでマイナスになるようなプロジェクトは、仮にＮＰＶがプラスになったとはいえ、かなり微妙な案件といえるでしょう。通常、ＮＰＶの試算はＥｘｃｅｌのような表計算ソフトで行われることが多いので、感度分析も比較的楽に行えます。

ＮＰＶは評価にはあまりなじまないと先に書きましたが、もちろんその気になれば評価にも使えます。例えばあるプロジェクトを実際に開始したのちに、どのくらい予測通りに進んでいるかを見ることで（特にＦＣＦや、それにつながる売上げや費用について）、担当者の予測能力や実行力を判断することもできます。

## 補足・注意点

NPVと同時に知っておくべき数字にIRRがあります。これはNPVがゼロとなるときの割引率で、IRRがWACCよりも高ければNPVもプラスになり、投資は行うべきという判断になります。ファンドの成績などを比較する際には、元の投資額が違うことが多いので、このIRRでパフォーマンスを比較したりします。

**関連KPI**
IRR、フリーキャッシュフロー(FCF)、WACC

WORDS

092

FINANCE

# ROIC
## （投下資本利益率）

**企業が資金提供者から得た資本を活用して、どのくらい彼らに帰属する利益を残せたかを示した数字**

KPIの設定例

**これまでは黒字さえ出せばと思っていたが、自社のWACCは今年度は概ね6%になるようだ。計算してみると昨年のROICは4%でいまひとつだった。今年はROICも6%以上は死守し、できれば8%程度はクリアしたい。**

**数値の取り方／計算式**

ROIC＝NOPAT／投下資本＝NOPAT／使用資本＝ROCE

NOPAT＝EBIT×（1－実効税率）

**主な対象者**

経営者、財務責任者、事業責任者

## 概要

ＲＯＩＣ（Return on Invested Capital）はＲＯＣＥ（Return on Capital Employed）と同じ意味を持ちます。前者がＢ／Ｓの左側（資金の使途）に着目しているのに対し、後者は右側（資金の調達先）に着目したものです。

ＲＯＩＣは株主重視、あるいは資本の提供者重視の経営が求められる昨今のビジネス界の中で、日本でも活用が進み始めています。ソニーなどはそれで成功したといわれる典型です。ＲＯＩＣがＷＡＣＣを大きく上回っている会社は、企業価値を大きく高めた企業といえます。

ＲＯＩＣは、次項のＥＶＡと本質的には同じ意味を持ちます（率と額の差はありま

**図17 ROICの計算式とファイナンス的なB/S**

**ROIC＝NOPAT／投下資本＝NOPAT／使用資本＝ROCE**

NOPAT＝EBIT×（1－実効税率）

(*) NOPAT：Net Operating Profit After Tax

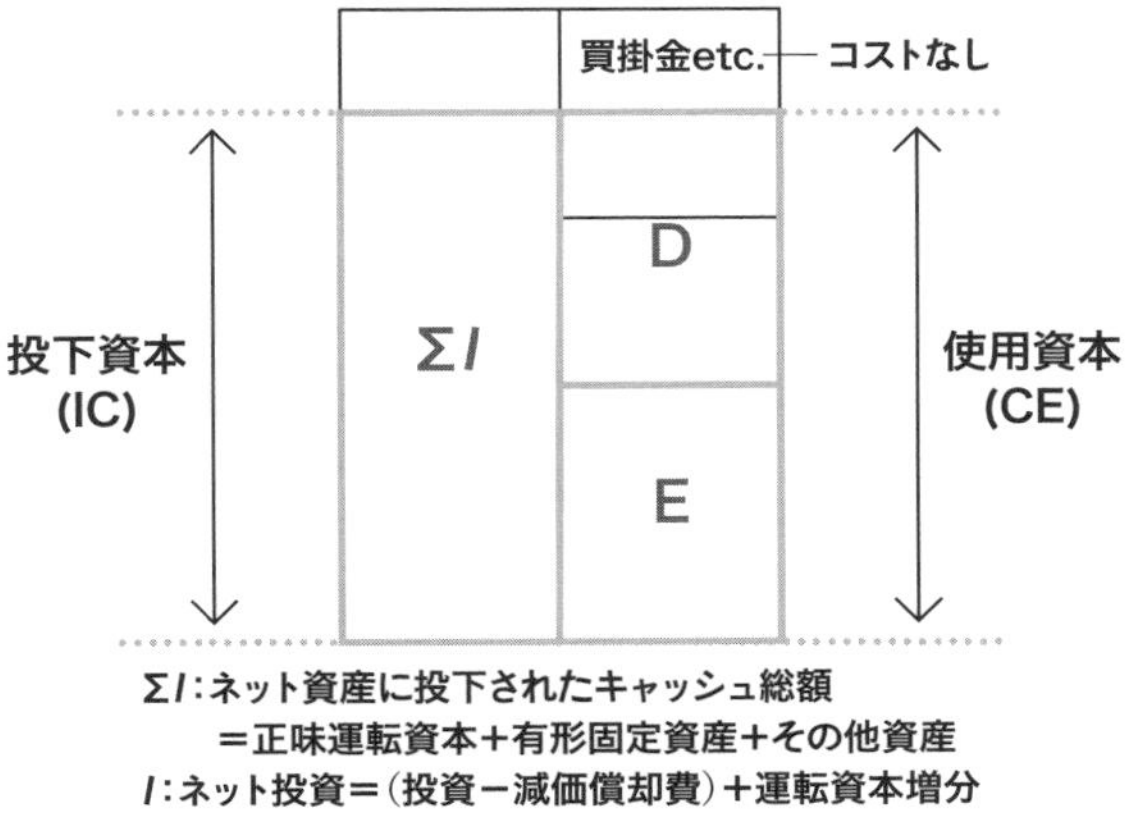


ΣI：ネット資産に投下されたキャッシュ総額
＝正味運転資本＋有形固定資産＋その他資産
I：ネット投資＝（投資－減価償却費）＋運転資本増分

すが）。ＥＶＡが若干扱いにくい部分があって、日本では一時期よりも利用企業が減ったのに対し、ＲＯＩＣは率を見ればいいというシンプルさが受けて、どんどん利用する企業が増えています。

## KPIの見方

ＲＯＩＣはクリアすべきハードルレートが明確で、ＷＡＣＣになります。つまり、ＲＯＩＣがＷＡＣＣを超えれば企業価値は向上しますが、ＷＡＣＣを下回れば企業価値は下がることになります。その意味で、会計よりもファイナンス的な指標です。

重要なポイントは、単に黒字を出すだけではだめだという点です。多くの経営者は黒字を出せば安心するものですが、ＲＯＩＣは単に黒字なだけでは足りず、資金提供者（投資家や銀行など）に帰属する利益、すなわちＥＢＩＴ×（１－実効税率）が、資金提供額×ＷＡＣＣを超えることが必須と考えるのです。

## KPIの使い方

この指標の良い点は、全社レベルでも事業部レベルでも設定が可能ということです。事業部レベルでＲＯＩＣがその事業のＷＡＣＣを下回るようだと、その事業はファイナンス的には企業全体にマイナスの影響を与えていると判断されるわけです。それゆえ、基本は各事業部ともその事業部のＷＡＣＣを超えることがまずは目標となります。

ただし難しいのは、事業部ごとの使用資産＝使用資本を正確に求める点と、事業ごとにＷＡＣＣを設定する点です。通常、どのような企業であっても多少は事業部間で資産（例：土地、建物、無形固定資産など）を共有しているものです。それを各事業部に正確に切り分けることは必ずしも容易ではないのです。

より難しいのは事業部ごとのＷＡＣＣかもしれません。通常、事業部ごとの株価はありませんので、事業部固有のβを求めるのは簡単ではなく様々な工夫が必要になってくるのです。

## 補足・注意点

ＲＯＩＣ（ＲＯＣＥ）で用いる使用資本は、基本的に時価となります（比較すべきＷＡＣＣが時価ベースのβなどを用いているため）。これは、ＲＯＡやＲＯＥといった伝統的な会計指標が簿価で計算されるのとは大きな違いです。ただし、簡便法として簿価ベースでＲＯＩＣを計算している企業もあります。

**関連KPI**

EVA、β、WACC

WORDS

093

FINANCE

# EVA
## （経済付加価値）

**企業が資金提供者から得た資本を活用して、彼らの期待をどれくらい超えるリターンを得たかを金額ベースで表した数字**

KPIの設定例

**全社的なEVAはどう頑張ってもマイナス100億円だろう。100億円のEVAのある企業の買収を積極的に検討すべきだろう**

**数値の取り方／計算式**

$EVA = NOPAT - CE \times WACC$

$EVA = EBIT \times (1 - \text{実効税率}) - \Sigma I \times WACC$

$CE = \text{有利子負債} + \text{株主資本}$

$\Sigma I = \text{正味累積投資}$

CEとΣ*I*は理論上一致する

**主な対象者**

経営者、財務責任者、事業責任者

## 概要

ＥＶＡは１９８０年代にアメリカのスターン・スチュアート社によって開発されたＫＰＩです。そのため、ＥＶＡは同社の登録商標になっています（本書では便宜的に®は割愛しています）。コカ・コーラ社などがこの指標を用いて企業価値を大きく向上させたことなどから注目を集めました。ＥＶＡの額の大きな企業は、その分企業価値を向上させたといえます。ファイナンスの理論的にも非常にエレガントな指標です。

日本では90年代に旭硝子（現ＡＧＣ）や花王、ソニー、オリックスといった先進企業に導入されましたが、現場ではややわかりにくい指標ということもあって、２０００年代にはやや下火になりました。

## KPIの見方

前項のＲＯＩＣでも触れたように、ＥＶＡとＲＯＩＣは、額と率の差を除けば表裏一体の関係にあります。ＲＯＩＣのハードルはＷＡＣＣを超えることでしたが、ＥＶＡのハードルはプラスになることです。これは、ＥＶＡ÷使用資本＝ＲＯＩＣ－ＷＡＣＣという関係になることからも明確です。ＥＶＡがプラスになれば、その企業の企業価値は理論上、上がります。これは事業部レベルにも応用でき、ＥＶＡがプラスの事業はファイナンス面ではその企業に貢献したとみなすことができます。

ＥＶＡは、ＥＶＡがプラスの企業を買収したり、ＥＶＡがマイナスの自社事業を売却することでも上がります。

## KPIの使い方

この指標も全社ベース、事業部ベースで使えます。基本となる最低ラインはプラスを目指すことですが、具体的な額については昨対比でさらにＥＶＡを増やすこととするのが一般的です。

ただし、事業によっては明らかにＥＶＡをプラスにするのが難しい場合もあります。例えば前年のＥＶＡがマイナス３００億円だった事業でいきなりそれをプラスにするのは容易ではありません。そうした場合には、ＥＶＡのマイナスをどれだけ縮小するかに着目し、ＥＶＡの目標も最初からマイナス２００億円などとする場合もあります。担当する事業部長の評価も、ＥＶＡの額そのものではなく、ＥＶＡの増分、すなわちΔＥＶＡを重視するなど、企業によって工夫をします。

かつて旭硝子がＥＶＡを導入した際には、「ＥＶＡ率」という独自の指標を設定しました。それは、ＥＶＡ率＝ＮＯＰＡＴ÷（使用資本額×ＷＡＣＣ）というものです。その意図の１つとしては、この指標にしておくと、ＮＯＰＡＴさえプラスならば、仮にＥＶＡはマイナスでもＥＶＡ率はプラスになるという見映えです。ちょっとしたことのように思えますが、人間はマイナスの数字を突き付けられるよりも、プラスの数字の方を好むということです。ＲＯＩＣもＥＢＩＴがプラスならプラスとなるため、同様の効果があります。

## 補足・注意点

スターン・スチュアート社の本来のやり方では、広告費や研究開発費を資産計上する、あるいはＭ＆Ａで生じた「のれん」を償却せずに投下資本に計上するといった、通常の会計とは異なる方法論を推奨しています。ただし、実務的に面倒が増えることなどもあり、どこまで同社の方法に忠実に行うかは企業によって異なるため、この点には注意が必要です。

**関連KPI**

ROIC（ROCE）

WORDS

094

FINANCE

# 実効税率

最終的に支払った法人税、住民税、事業税が純利益に占める率

KPIの設定例

うちは過度な節税はしないが、アジア展開については税率の低いシンガポールに法人を設立することで、トータルの実効税率20%程度をめどとしよう

**数値の取り方／計算式**

(法人税+住民税+事業税)÷純利益

**主な対象者**

経営者、財務責任者

## 概要

実効税率はファイナンス系のＫＰＩを求めるときにも出てくる非常に重要な数字です。脱税はもちろん違法行為なのでアウトですが、企業としては適度な節税対策を施すことで、政府や当局への税金を減らし、資金提供者への利益を増やすことも昨今はある程度求められるようになっています。この数字が低いことは、節税のうまさや、税率の低い国での活動比率が大きなことを意味します。

## ＫＰＩの見方

節税に関しては、企業の意識の差が大きく出る部分でもあります。中には「税金を納めるのは公的存在である企業の役目」との考え方の下、節税対策をほとんど行わない企業もあれば、税務や法律のプロを雇って極力租税回避をする企業もあります。社会を重視するのか株主を重視するのか、どちらが良いとは、一概にはいえません。それゆえ、実効税率の高低をどう評価するのかは非常に難しいといえるでしょう。

なお、実効税率はグローバル化という要素でも変わってきます。例えば法人税率が日本より低い国でビジネスを大きく展開すれば、平均としての実効税率は低くなります。日本国内でも企業誘致のために税率を下げている自治体はありますので、そうした地域に進出すると実効税率は変わります。

## KPIの使い方

節税にあまり関心のない企業の場合、この数字は最終的に自動的に決まってくるものであるため、目標を設定するということはありません。ここでは、節税に積極的なグローバル企業をイメージして議論します。

そうした企業においてこの数字を意識するのはやはり経営者や財務責任者です。節税につながる投資の減損【*43】などは期初に想定することが難しいため、目標の設定は難しいといえますが、それでもある程度のめどは立てることが多いでしょう。例えばフェイスブックなどでは概ね10%程度の実効税率をイメージしているようです。先進国の実効税率は20%台前半といわれますから、うまく節税ができているといえるでしょう。特にＩＴ企業の場合は「モノ」を売っているわけではないので、形式上の本社をアイルランドなどの低税率の国に置けば、合法的に実効税率を下げることは比較的容易なのです。「ダブルアイリッシュ・サンドウィッチ」などの節税スキームなどもどんどん開発され、規制がかかりそうになるとまた新しいスキームを作るといったことも行われています。

## 補足・注意点

特にＩＴ系の企業においては、最近、さすがに低すぎる実効税率や、商売をしている国に税金を払わないことは企業イメージを損なうとして、一時期ほどの節税を控える動きも出ています。例えばアマゾンは２０１６年までは日本で法人税などを支払っていませんでしたが、２０１７年からは日本でも税金を払う方が日本での事業を拡大するうえで得策と判断し、数百億円の税金を支払うように方向転換をしました。

**関連KPI**

税引後利益、WACC

〉WORDS〈

095



# 株価

**市場における当該企業の株式の取引価格。非公開企業の場合、市場が株価を決めるわけではないが、増資の際などは利益や資産をベースに株価を適宜設定する**

KPIの設定例

**株価はTOPIX［*44］のパフォーマンス以上に上げることが今期の目標だ**

**数値の取り方／計算式**

公開株は市場取引価格がそのまま株価となる
非公開企業の場合、「EBITマルチプル」などの企業価値評価手法を用いて時価総額を決め、そこから逆算して株価を決定する

**主な対象者**

経営者、財務責任者、株主

## 概要

株価は経営者が注目する数字の1つといえます。株式を多く持つオーナー経営者の場合、それは直接自分の資産額に影響を与えますし、そうでない場合でも、株主が非常に気にする数字であるため、株価を中長期的に上げることは、資本主義社会では経営者に与えられた最大使命といえるでしょう。

## KPIの見方

1株当たりの株価は、株式分割をすれば小さくなりますので、それそのものを比較することにあまり意味はありません。例えばキーエンスの株価は日本電信電話の株価のおよそ17倍ですが(2020年6月現在)、だからキーエンスの方が優れているということにはなりません。実際には、時系列比較や他社との比較をする際には株価×発行済株式数で計算される時価総額を比較する方が妥当といえるでしょう。キーエンスと日本電信電話の場合、時価総額はほぼ拮抗しています。

## KPIの使い方

株価は最終的には市場が決めるものなので、経営者や従業員は成長や利益創出への努力を適切に行うことが必要となります。ただ、株価はどれだけ企業が努力しても、その時々の経済環境の影響を強く受けます。例えば特段の努力をしなくとも、景気の見通しが良くなれば株価は上がりますし、コロナショックのように市場が悲観的になれば株価は下がります。証券会社などが設定する「テーマ」や、日経平均２２５に採用されるかなどといった、自社にはコントロールしにくい要素でも株価は動きます。その意味で、ＰＤＣＡにはあまり向きません（一方で、経営者は投資家に向けたＩＲ活動をしっかり行う必要があります）。

株式は、従業員や経営者を動機づける目的でしばしば採用されます。それが株式報酬で、その典型がストックオプション（新株予約権）、リストリクテッド・ストック（特定譲渡制限付株式）、パフォーマンスシェア（業績連動株式報酬）などです。これらはさらにさまざまなバリエーションがありますが、結局は「頑張った結果、株価が上がれば金銭的なメリットが得られる」という点は共通しています。仮に株価が劇的に上がらなくても、配当が支払われれば、それも株式保有者の懐を潤すことになります。

なお、制度の設計次第ですが、その期の利益に応じてボーナスを支払うと経営者は往々にして短期的視点に走りますが、株式報酬はその視点を中長期に向けさせる効果もあるとされています。

## 補足・注意点

株式報酬は動機づけの手法としては悪くはないのですが、しばしば不公平感を生むものでもあります。例えば数年前に調子の良かったある事業部のスタッフが多くの株式報酬をもらったとします。それが最近はむしろ全社業績の足を引っ張っているにもかかわらず、他部門の頑張りで上がった株価の恩恵を受けたなら、面白くないと感じる人も出るでしょう。株価は各事業部にあるわけではなく、「親子上場」をしているケースなどを除けば、基本的に1社に1つであるからこその悩みともいえます。

**関連KPI**
時価総額、理論株価との乖離率、PER【*45】

WORDS

FINANCE

096

# 売上高成長率

**売上高が対前年でどれだけ伸びたかの比率。株価にも大きく影響を与える**

KPI の設定例

**この事業は市場にも追い風が吹いているから200%の成長は達成したい**

**数値の取り方／計算式**

新しい期の売上高÷前期の売上高

**主な対象者**

経営者、財務責任者、人事責任者、事業責任者、製品開発担当者、マーケティング担当者、営業担当者

## 概要

株価は、突き詰めれば成長（期待）と収益性（の持続期待）で決まる部分が大です。企業が売上げを拡大する目的は株価だけには限りませんが（例：ビジョン実現、競争力強化など）、資本主義社会である以上、特に株式公開企業は成長を止めるわけにはいかないのです。

## KPIの見方

売上高成長率は、企業の成長ステージによっても妥当な値は変わってきます。例えば株式公開したてのベンチャー企業であれば、やはり2桁以上の成長率は当面期待したいと考えるでしょう。一方で、成熟産業の企業の場合、売上高を5％上げることさえかなり高いハードルになることもあります。

そうした成長ステージも鑑みたうえで、業界のライバル企業の成長率以上に売上げを伸ばす企業は、顧客に受け入れられており、合格点といえるでしょう。

なお、単年度の伸び率は突発的に変動することもあるので、例えば5年間のＣＡＧＲ（年平均成長率）なども同時に見るといいでしょう。5年間の年平均成長率は、（当期の売上高÷5年前の売上高）＾(1÷5)－1で求められます（「＾」はべき乗を表す記号）。複利的な計算をする点がポイントです。

## KPIの使い方

　この数字は経営者はもちろん、全社員が意識すべき数字です。とはいえ、現実には特にKPIとしてこの数字を与えられるのは、事業部長を始めとするプロフィットセンター【＊46】のリーダーや、顧客との接点に立つマーケティング担当者、営業担当者などです。通常はビジネスの成長ステージや競争環境などを勘案して事業単位、製品単位などで設定されます。新規事業などでは対前年比３００％の売上増といった目標が設定されることもあります。

　翌期に向けた成長率を設定することは、自ずと翌期の売上高を設定するのと同じ意味を持ちます。ただし、成長率ありきで売上げを設定するのと、目標市場シェアなどから勘案して売上高ありきで成長率を設定するのとでは、多少意味合いが違ってきます。現実にはその中間的なやり方の企業が多いようです。

　売上げの成長実現は、戦略面もさることながら、実行面における徹底力による部分も大です。近年はやや迷走していますが、ＧＥは高い売上目標を達成することがリーダーの義務と考え、愚直にそれを実現することで、一時期世界一の時価総額を誇るまでになったのです。

## 補足・注意点

独自に売上げを伸ばすことができない企業はM＆Aなども活用します。ただ、その副作用として、もともとあったビジネスの売上減が隠れてしまうということがあります。例えばP／L上は毎年順調に売上増を果たしているようで、実は買収の貢献を抜きにしたら減収という状態だとしたら、あまり好ましいとはいえません。成長の質を見ることも大切です。

**関連KPI**

売上高、利益成長率、**従業員増加率**

〉WORDS〈

# 097

FINANCE

# 1株当たり配当額

**株主に1株当たり配当として支払った額**

KPIの設定例

**今年は50%の増益を目標としているから、1株当たり配当も50%増がめどか。しかし、○○ファンドの意見次第では、60%増くらいも見込んでおく必要はあるな**

**数値の取り方／計算式**
本文を参照

**主な対象者**
経営者、財務責任者、株主

## 概要

株主にとって、金銭的リターンは大きく2つに分かれます。株価の値上げによるリターン（キャピタルゲイン）と配当の支払いによるリターン（インカムゲイン）です。例えば日経平均が史上最高値を付けたのはバブル真っ盛りの１９８９年末で、現在の日経平均はその55％程度にすぎません（２０２０年6月現在）。では、仮に89年のピーク時に日経平均銘柄に満遍なく投資を始めた人が、現在資産が5割強に減ったかというとそんなことはありません（銘柄の変更はここではいったん無視します）。なぜなら、毎年の配当収入があるため、それを加味すれば7〜8割程度のリターンを得られているからです。

特に株式を長期保有する機関投資家や企業は、株価に一喜一憂するよりも毎年の確実な配当を望む傾向にあります。中期の1株当たりの配当額は安定的に株主に報いる指標ともいえます。

## KPIの見方

投資家は配当について、1株当たりの配当額に加え、配当性向や配当利回りも同時に見る傾向があります。配当性向は、純利益に占める配当支払額の比率です。配当利回りとは年間配当金額をその株式の購入価額で割ったものです。

1株当たり配当額が高ければいいかといえばそんなことはありません。特にベンチャー企業や成長率が高い企業の場合、株主からすれば配当で返してもらうよりも、その資金を新規事業に投資してさらなる成長を図り、株価を上げてくれる方がありがたいと考えるからです。

## KPIの使い方

この数字は経営者や財務責任者が気にする数字です。先述したように、新規投資に回すべきか配当に回すべきかといった戦略面をまず勘案します。また、配当性向がどのくらいになるのか、最新の時価ベースで配当利回りがいくらになるのか、キャッシュフローや手元現金がどうなるのかなども検討材料とし、ラフな目標を決めます。同業他社との比較も大事です。

実際の配当支払額については、例えば安定配当を重視する企業であれば、利益が見込み以上に出た場合は配当を増やす一方、利益が予想を下回った場合でも、配当が減りすぎるのは株主の不興を買うため、一定額の配当額以上には減らさないといった方策をとるかもしれません。多くの企業では中間配当も出しますので、その段階で下期の業績動向も見極め、ラフに配当の目標を修正します。

## 補足・注意点

昨今ではアクティビストと呼ばれる、企業との対話を重視する株主も増えています。彼らは配当に非常に敏感です。例えば過剰に現金をため込んでいるのであれば、配当として還元すべきという提案をしてくることもあります。彼らは「モノいう株主」として企業側からは煙たがられることもままありますが、日本でもスチュワードシップ・コードが導入されるなど、株主の声を正しく反映し、ガバナンスに活かそうという流れがあります。彼らとの日常的な対話も配当政策を考えるうえでは非常に重要です。

**関連KPI**

配当性向、配当利回り

WORDS

098

FINANCE

# 海外売上高比率

自社の売上げに占める海外市場での売上高の比率

KPIの設定例

業界の海外売上高比率は80%程度だ。自社は75%と出遅れている。5年程度で業界平均に追いつこう

**数値の取り方／計算式**

海外における売上高÷総売上高

**主な対象者**

経営者、財務責任者、事業責任者、人事責任者

## 概要

業界や業態にもよりますが、国内にはもはや成長余力があまりなく、海外に成長の活路を求めている企業はこの数字が高くなります。通常、特にこの数字が高くなるのは製造業です。ＴＤＫや村田製作所、ヤマハ発動機、アドバンテスト、シマノといった企業はおよそ90％超の売上げを海外で稼ぎ出しています。

それに対して、サービス業では一般にこの比率は低い傾向があります。海外での事業ノウハウや資産に乏しい不動産業などがその典型です。

## KPIの見方

この数字は業界比較や時系列での比較が重要な数字といえます。例えばサッポロホールディングスはキリンホールディングスやアサヒグループホールディングスに比べるとこの数字が低く、海外展開（あるいは海外企業の買収）に出遅れたと見ることができます。

この数字の高さは、国内経済に過度に頼らないことから、グローバルでリスクヘッジが効いていると見ることもできます。この数字が低い場合、日本経済に万が一のことがあれば（例：大地震、パンデミックなど）、それがそのままダメージにつながるわけです（コロナショックのような全世界同時パンデミックが起こることもなくはないですが）。

一方で、この数字を高めるべく、海外展開を加速すると、日本では想定しないようなリスクを抱えることもあります。誘拐やテロなどがその典型です。経験の少ない企業の場合、こうしたリスクとどう付き合っていくのかも学ぶ必要が生じるのです。

## KPIの使い方

この数字は企業のグローバル戦略をそのまま反映します。それゆえ、通常は経営者や事業部長たちが話し合って、中長期にこの数字をどうしていくかを検討し設定します。単年度で目標設定するというより、中期目標から逆算して短期の目標が設定されることが多いです。

この数値の高さは、海外志向の強い、グローバルで活躍したい学生などを採用する際の武器として使うこともできます。ただ、その際には海外売上高比率だけではなく、海外での勤務者数なども同時にチェックされるのが一般的です。日本ではトヨタ自動車が、海外勤務者が最も多く、ついでソニーなどとなっています。やはり古くから海外で事業展開してきた企業がこの数字も高くなる傾向があります。

## 補足・注意点

海外での売上高比率は、どの地域のものかといったブレークダウンも大事です。リスクヘッジの観点からは、日米欧中、そして新興国が満遍なく分散していることが望ましいといえるでしょう。また、輸出が中心なのか、現地生産をしているのかといったことも、グローバル化の進展度合いを測る目安になります。

**関連KPI**

海外勤務者数、現地従業員数、進出国数、外国人比率

WORDS

099

FINANCE

# 銀行預金残高

**自社の銀行口座の残高。特にベンチャー企業や中小企業にとって重要な数字**

KPI
の
設定例

**売上げはまだ不安定な状態だが、月末300万円以上の銀行預金残高は残るようにしよう**

**数値の取り方／計算式**
実際の額を確認

**主な対象者**
経営者、財務責任者

## 概要

大企業ではあまり意識されることのない数字ですが、ベンチャー企業や、資金繰りに苦しんでいる中小企業にとって、この数字は非常に大きな意味を持ちます。この数字がゼロになった瞬間に、実質倒産を意味することも少なくありません。

## KPIの見方

銀行の預金残高は、日頃から目配せしておくことも重要ですが、特に20日や25日といった給与支払日にどこまで下がってしまうかをシミュレーションしておくことが重要です。例えば、中旬の15日に３００万円の残高があったとしても、給与支払日の20日に３５０万円の支払い予定だとしたら、その瞬間に残高はマイナスになってしまうからです。

また、通常の月は大丈夫でも、ボーナス支払い月（通常は6月と12月）の末に一気にキャッシュが減ることは一般的なので、それは特に慎重に見ておく必要があります（ボーナスを出すことはマストではありませんが、生活給的なボーナスまで出さないのは好ましいとはいえません）。

## KPIの使い方

この指標は、ゼロを切らないことがマストです。ただ、ギリギリになってから金策に走るのは効果的ではないので、通常はある程度の余裕を見ながら「月末には常に２００万円が残るようにしよう」などと考えます。

ただ、特にベンチャー企業の場合は予定通りにキャッシュが入ってこないことも多いものです。そこでＰＤＣＡをしっかり回し、どの時期に現金が危なくなりそうかを必ずチェックします。事前にキャッシュショートの事態に陥るのが予測できたなら、売掛金の回収を急いだり、買掛金の支払いを待ってもらう、あるいはファクタリング（売掛債権をファクタリングサービス会社に売却し、手数料を差し引いたキャッシュを得る）を利用する、銀行に融資をお願いするなど、キャッシュを回すための施策を講じる必要が生じます。

もちろん、銀行などは、「もうダメだ」という企業にはそうそう貸しませんので、常日頃からキャッシュショートの事態にならないように事業運営を正しく行うことは当然必要です。あるいは借り入れ先を予め開拓し、いざというときに借りられる状態にしておくなども重要です。昨今は銀行や信用金庫も貸出先の開拓に苦労していますので、しっかり売上げを上げられる体制が構築できていれば、新たな貸し出しに応じてくれることもあります。

## 補足・注意点

ベンチャー企業などでよくあるのは、内部の管理会計などに手が回らず、キャッシュショートの直前に「しまった、まずい」と気がつくケースです。その企業が有望であれば、売り手も買掛金の支払いを多少待ってくれることもありますが、やはり好ましい印象は与えません。最低限の資金繰り表（予定も含む）などは作っておくべきです。

**関連KPI**

手元流動性、銀行のコミットメントライン【＊47】

WORDS

100

FINANCE

# バーンレート

**ベンチャー企業（特にスタートアップ企業）において、まだ黒字化できていないフェーズで、事業を運営するうえで毎月減っていく資金額。資金燃焼率や現金燃焼率などともいう**

KPI
の
設定例

**今時点でのバーンレートは1000万円か。1年分の資金はあるから、もっとアクセルを踏んで1500万円にしても大丈夫そうだ**

**数値の取り方／計算式**
本文を参照

**主な対象者**
経営者、財務責任者

## 概要

これはベンチャー業界独自の用語です。ベンチャーの初期は投資段階にありますから、入ってくるキャッシュ以上に出ていくキャッシュの方が多くなります。その差額がバーンレートです。例えば支払い現金が１０００万円で入ってきた現金が５００万円なら、バーンレートは５００万円となります。ベンチャーが軌道に乗って黒字化するまでの月間の赤字額ともいえます。

## KPIの見方

バーンレートはビジネスモデルや企業の戦略次第で変わってくる側面もあるため、単に額面だけを見てその多寡を判断することはできません。特にネットワークの経済性（参加者が多いほど便利になり、参加者が参加者を呼ぶという効果。ＳＮＳなどで典型的に働く）が効きやすいビジネスにおいては、まずはユーザー数を増やすことが勝ち残るための至上命題になります。そのため先行投資額が多く、必然的にバーンレートも増します。配車アプリのウーバー・テクノロジーズのように、起業から10年以上たち、株式公開後もいまだに黒字化していない企業もあります。

バーンレートは手元の現金や現金等価物と合わせ、「資金が枯渇するまでにどのくらいの猶予があるか」（これをランウェイといいます）という視点でも見ます。例えば銀行にある現金が

1億円でバーンレートが２０００万円の場合、このペースでいけば5カ月後に資金が枯渇する（ランウェイが5カ月である）ことを意味します。その間にベンチャーキャピタルなどから資金を調達するといった手立てを講じる必要があることがわかります。

## KPIの使い方

この指標を主に見るのはベンチャー企業の経営者やＣＦＯ、そして投資側のベンチャーキャピタルなどです。通常、資金調達時に大まかな投資や収支の予測を提出し、それをベースにＰＤＣＡを回します。予想以上にバーンレートが増していれば、収入が少ないか、費用あるいは投資が多いということですから、必要に応じて投資を抑えるなどの手を打ちます。

ただし、ベンチャー企業の場合、最終的に株式公開をしたり、長期的な果実を得るためには、必ずしもブレーキを踏むことが得策ともいえません。ベンチャーキャピタルの意見も参考にしますが、よりアクセルを踏んでバーンレートを高め、顧客獲得を加速することもあります。グランドデザインとしての戦略を踏まえたうえで、高速でＰＤＣＡを回す必要があるといえるでしょう。場合によっては戦略やビジネスモデルそのものを見直すこともあります。

## 補足・注意点

バーンレートの高さは、適切な投資によるものなどの場合は問題ありませんが、いたずらにオフィスを華美なものにしたり、役員の給与を上げたりするのは、投資家から見ても適切な行動とはいえません。戦略上必要な部分以外は冗費を削り、金銭的バブル感を持たないことが大切です。

また近年は「Born Global」を標榜し、早くからアメリカに進出する企業もありますが、エンジニアの給与などはシリコンバレーでは日本の倍以上もすることがあり、一気にバーンレートを増すこともあります。行き当たりばったりではなく、計画的にお金を使っていくことが求められます。

**関連KPI**

ランウェイ、企業価値、現金残高

## CHAPTER6 用語解説

[＊28] **ボラティリティ**：(特に価格の）変動の大きさを指す。ボラティリティの大きな資産（例：株式）はリスキーな資産といえる

[＊29] **スキミング・プライシング**：新製品導入に当たって、それまでの投資を早期に回収すべく、比較的高い値付けを行うこと。安値で初期のユーザー数を増やすことを意図するペネトレーション・プライシングと対比されることが多い

[＊30] **投資有価証券**：市場性のない関係会社の株式やそのままでは市場価値のない有価証券など

[＊31] **マルチプル法**：非上場企業や、企業の一部門の価値を求める際に、特定の指標に類似企業から得られる適切な倍率をかけてそれを求めること。ＥＢＩＴマルチプルやＥＢＩＴＤＡマルチプル、売上高マルチプル、ＵＵ（ユニークユーザー）マルチプルなどの方法がある

[＊32] **最適資本構成**：借り入れによる節税効果と倒産リスクの低さの効果の和が最大化する「有利子負債と自己資本の最適バランス」。なお、どこかに最適資本構成が存在するはずだが、それを理論的に求める方法はまだ開発されていない

[＊33] **資本コスト**：資金を調達する際のコスト、いい換えれば資金提供者が期待するリターン

[＊34] **ファブレスメーカー**：自社で工場を持たず生産を外部に委託する製造業者。アップルやキーエンスなどが有名。ファーストリテイリングなどのＳＰＡ（製造小売りアパレル）もファブレスメーカーの一種とみなしうる

[＊35] **回帰分析法**：横軸に各月（あるいは四半期）の売上高、縦軸に費用をとり、その傾きから変動費率を求める方法。なお、固定費額が途中で変わった場合はその分を調整する

[＊36] **規模の経済性**：製造・販売する数量が増えるに従い1個当たりのコストが安くなるという効果。主に固定費の分散と、購買の際のボリュームディスカウントから生じる

[＊37] **経験曲線**：累積の生産量が増えるに従い、1個当たりの製造コストが減る現象。規模の経済性に加え、生産手段が効率化されることなどによって生じる

[＊38] **要素コスト**：労働や資本、土地など、企業活動の基礎的要素に対して支払われる費用

[＊39] **会計方針**：損益計算書や貸借対照表の作成に当たって、その成績を正しく示すために採用した会計処理の原則や手続、表示の方法を指す

[＊40] **運転資本増分**：運転資本は、売上債権＋棚卸資産－支払債務。ワーキング・キャピタル（ＷＣ）ともいう。運転資本増分は、それが前年からどれだけ増えたかという数字。例えば運転資本が1億円増えたということは、それだけキャッシュが拘束されてしまって使えなくなったことを示す。資金繰りに困っている企業であれば、銀行から借り入れを行うなどしてこの運転資本増分を賄う必要がある

[＊41] **マーケットリスクプレミアム**：ある株式市場に投資して資産を運用したとき、無リスクの資産（通常は国債）で運用をした場合に比べてどのくらいリターンが上回ったかを示した数字。日本の上場企業株式の場合、概ね5％程度といわれている。リスク資産に対するリターンの適切な超過分ともいえる

[＊42] **残存価値**：あるプロジェクトの価値をＤＣＦ法で求める際、その期間の終了時に残っていると想定される価値。その見積もり次第でＮＰＶは大きく変わってくることも多い

[＊43] **減損**：資産の価値が減って回復が難しいと判断したとき、簿価上でその価額まで価値を切り下げること。買収企業の価値が下がったとき（あるいはそもそも高値掴みをしていたとき）などによく行われる

[＊44] **ＴＯＰＩＸ**：東証株価指数（Tokyo Stock Price Index）のこと。日本の株式市場の状況を表す代表的な指標。東証1部の全銘柄の時価総額を基準時価総額で割って求める。１９６８年1月の数値を１００

としたインデックスである。日経225のような単純平均ではなく加重平均なので、高額の値嵩株の変動の影響を受けにくく、市場全体の動向を反映しやすい

［＊45］**PER**：株価が1株当たり純利益の何倍（何年分）であるかを表す数字。Price Earnings Ratioの略

［＊46］**プロフィットセンター**：企業内で利益に責任を持つ部署あるいはその単位。通常は事業部がプロフィットセンターとなることが多いが、移転価格（企業内の取引をあたかも外部企業との取引と同様に取り扱う）を用いることで、（通常は利益責任を持たない）工場やサポートセンターなどをプロフィットセンターとするケースなどもある

［＊47］**コミットメントライン**：借り手と銀行が予め契約した期間・融資枠の範囲内で、借り手の請求に基づき、銀行が融資を行うことをコミットする契約、あるいはその金額

PROFILE

著者紹介

## グロービス

1992年の設立以来、「経営に関する『ヒト』『カネ』『チエ』の生態系を創り、社会の創造と変革を行う」ことをビジョンに掲げ、各種事業を展開している。

グロービスには以下の事業がある。

- グロービス経営大学院
  - ・日本語（東京、大阪、名古屋、仙台、福岡、オンライン）
  - ・英語（東京、オンライン）
- グロービス・マネジメント・スクール
- グロービス・コーポレート・エデュケーション（法人向け人材育成サービス／日本・上海・シンガポール・タイ）
- グロービス・キャピタル・パートナーズ（ベンチャーキャピタル事業）
- グロービス出版（出版／電子出版事業）
- GLOBIS知見録（オウンドメディア、スマホアプリ）

その他の事業：

- 一般社団法人G1（カンファレンス運営）
- 一般財団法人KIBOW（震災復興支援活動、社会的インパクト投資）
- 株式会社茨城ロボッツ・スポーツエンターテインメント（プロバスケットボールチーム運営）

執筆者紹介

## 嶋田　毅（しまだ　つよし）

グロービス出版局長、グロービス経営大学院教授。

東京大学理学部卒業、同大学院理学系研究科修士課程修了。戦略系コンサルティングファーム、外資系メーカーを経てグロービスに入社。著書に『MBA 100の基本』『MBA 問題解決100の基本』『利益思考』『ダークサイドオブMBAコンセプト』（東洋経済新報社）、『グロービスMBAキーワード図解 基本ビジネス思考法45』『グロービスMBAキーワード 図解 基本ビジネス分析ツール50』（ダイヤモンド社）、『テクノベートMBA 基本キーワード70』『ビジネスで騙されないための論理思考』『［実況］ロジカルシンキング教室』（PHP研究所）、『ロジカルシンキングの落とし穴』（グロービス電子出版）他、多数の共著書、共訳書がある。

# KPI大全

## 重要経営指標100の読み方&使い方

2020年9月10日　第1刷発行
2021年7月26日　第2刷発行

著　者——グロービス
執筆者——嶋田　毅
発行者——駒橋憲一
発行所——東洋経済新報社
〒103-8345　東京都中央区日本橋本石町1-2-1
電話＝東洋経済コールセンター　03(6386)1040
https://toyokeizai.net/

装　丁…………遠藤陽一（デザインワークショップジン）
本文デザイン……高橋明香（おかっぱ製作所）
イラスト…………山崎真理子
編集協力………パプリカ商店
印　刷…………ベクトル印刷
製　本…………ナショナル製本
編集担当………齋藤宏軌
　ISBN 978-4-492-52227-1